これ、ホントにやったんです

※この写真には一切の修正、加工を行っていません!

構成：神舘和典

ブックデザイン：望月昭秀（ニルソンデザイン事務所）

**表紙**
撮影：尾崎 誠（BEFORE）／坂田貴広（AFTER）

**P1（ゲーテ2015年2月号別冊付録表紙）、P4〜7**
撮影：KEI OGATA（No.2）

**P110**
撮影：興村憲彦

**P121〜143**
撮影：太田隆生
ヘアメイク：TOYO
衣装協力：アンダーアーマー（ドーム／
ドームカスタマーセンター 0120・106・786）

特別協力：谷口仁美（情報ライブ ミヤネ屋）

編集：舘野晴彦（幻冬舎）／八木基之（幻冬舎）

50歳からでも遅くない！

# ミヤネ式らくらくボディメイク法

宮根誠司

筋肉は魔性の女!?（96ページ参照）、同時に筋肉はいい奴でした。
誰にも平等にやった分だけ必ず結果を出してくれます。

ちょっとEXILE風!?　こんな意志の弱い僕でもできました。
ボディメイクで、さぁ、もう一人の自分に出会ってください。まだまだ知らない自分がいるはずです。

50歳からでも遅くない！
ミヤネ式 らくらく ボディ メイク法

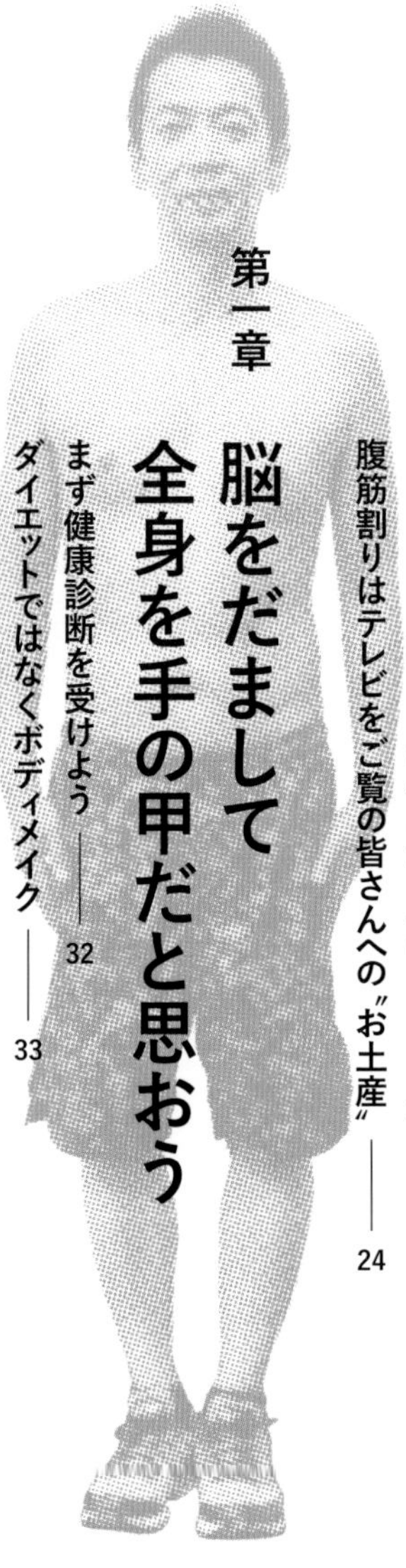

## はじめに フルマラソンを完走したのに お腹はポヨポヨ。なぜだ!?



## 第一章 脳をだまして全身を手の甲だと思おう

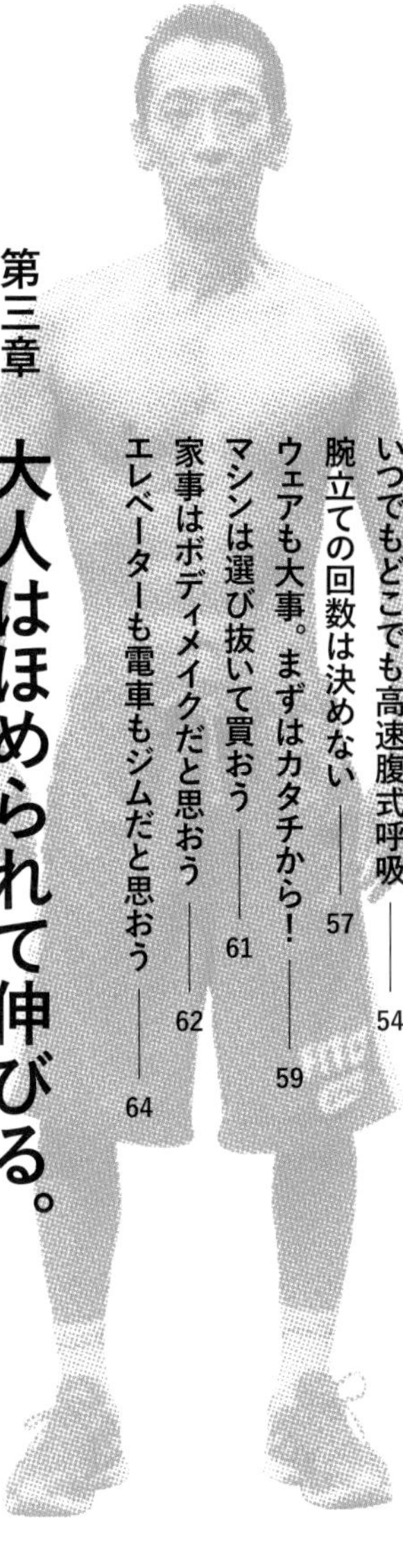

## 第二章

# 「フッハッフッハッフッハッ！」高速腹式呼吸の効果



## 第三章

# 大人はほめられて伸びる。〝精神安定人〟をつくろう

## 第四章 カツ丼食べたら腕立て三十回追加



## 第五章 ボディメイクの仕上げは日サロへGO！

BODY

MIYANE

MAKE

はじめに

# フルマラソンを完走したのに お腹はポヨポヨ。なぜだ!?

## 眠れなかった腹筋撮影前夜

撮影は昨年末。東京、青山のスタジオで行った。

前日は、うとうとするものの、ほとんど眠れなかった。

最後は、三日間連続の筋トレ。半年かけてやってきたんだから、悔いは残したくない。この三日間はさすがに自分を追い込んだ。それでも、心配で心配で、まぶたを閉じても、ほんの数分で目が覚めて、それをくり返すうちに目がさえてしまう。

ああ〜、こんな経験は初めてだ。かつてフルマラソンに初めて挑戦した前の晩ですら、これほど緊張はしなかった。マラソンは、練習量に正比例する。よほど体調が悪くなければある程度タイムは計算できる。

しかし、撮影日に最高の状態に合わせるということになると、筋肉づくりは、自分の意志ではコントロールできない領域が明らかにあった。

「自分の体なのに、前の晩や当日の炭水化物、水の摂取量によって、自分たちでさえどうなるかわからない」

ベテランボディビルダーに言われた言葉が頭の中をかけめぐる。

「腹筋は、しっかり六つに割れているのか？」

我慢《がまん》できずふとんから抜け出し、自分のお腹《なか》を上から眺めてみる。

割れている気はする。

恐る恐る手先でさわってみる。

デコボコしている気はする。

「気のせいじゃ、ないよな……」

不安に耐え切れず、早朝ナカムラに自分の腹筋の写真をメールに添付して送信した。

ナカムラというのは小学校時代からの幼馴染《おさななじみ》である。介護福祉士の資格を持ち、郷里の島根にある介護施設の施設長。介護のエキスパートだ。

お年寄りのお世話をする介護の仕事は体力が資本だ。だから、ナカムラは常に体を鍛えている。つまり体づくりのキャリアでは僕にとって先輩になるわけだ。いつも適切なアドバイスをくれて、そして何よりも僕を励まし続けてくれている。

その日の朝も
〈腹筋、きてるねえー！　イケてるねえー〉

すぐ、ナカムラからメールの返信が来た。

でも、落ち着かない。

「コイツ、オレがホントはイケてないのに、慰《なぐさ》めてるんじゃないのか？」

そう思ってしまう。もともと、ナカムラは調子のいい人間である。言葉を素直に受け取れずに、今度は電話をした。

「ナカムラ、オレ、ホンマにイケてる？」

「うん。イイ感じじゃないか！」

「ホンマか？」

「ホント！　ホント‼　ミヤネ、オレのこと、疑ってるのか？」

「いや、オレ、いよいよ今日やろ？　心配で心配でしかたないんや」

「大丈夫！　大丈夫‼」

「ホンマやな。ホンマにホンマやな」

少し落ち着いて、電話を切った。

しかし、まだ問題があった。起床時に腹筋が割れているからといって、その状態を撮影まで維持できるとは限らない。

撮影は昼過ぎだ。そこまで、どうやって時間を過ごすのか――。

「炭水化物を摂《と》るのか？　摂らないのか？」

それがまず問題だった。

人間の体は、やはり百人いれば百人全員が違うらしい。当日、炭水化物を摂って筋肉がムキッとパンプアップする人もいれば、逆に水分でたるんでしまう人もいる。自分がどちらなのか、筋肉を鍛えることが初心者の僕には、当然わからなかった。

前日、腹筋運動をする前、試しに「サトウのごはん」を半パックだけ食べてみた。なんとなく、筋肉が少し張ってきたような気がした。

「昨日のあの感覚を信じてみるか？」

もう迷っている時間はない。

「炭水化物摂取のほうに賭《か》けよう！」

覚悟を決めて、撮影四時間前に白ごはん二パックを胃袋にかきこんだ。おかずはなし。

あとは運を天に任せるしかない。

「よしっ！」

自分のお腹に向かって気合を入れ、意識してお腹をひっこめてみた。あとはゆっくりするだけ。筋肉の最大パンプは二十分が限界。筋トレして確かめたい気持ちを必死におさえた。

## スタッフに腹筋を披露

青山の撮影スタジオに入ると、大勢のスタッフが笑顔で迎えてくれた。『情報ライブミヤネ屋』（読売テレビ）のクルー、雑誌『月刊ＥＸＩＬＥ』（ＬＤＨ）と『ゲーテ』（幻冬舎）の取材・撮影スタッフ。総勢三十人くらいだろうか。僕のお腹に注がれる視線が痛い。

「宮根は本当に、腹筋、しっかり割ってきたんだろうか？」

全員の表情が不安げに見えた。そんなに心配なのか、足取りも重たげに見える。もう完全なる被害妄想だ。心が病んでいるのかもしれない。

控室に入ると、各スタッフがぞろぞろと後をついてくる。

意を決してシャツを脱ぐ。

「オオー！」

僕の腹筋を見て、一瞬みんながわいた。

快感だった。まだ筋トレもパンプもしていないのに……。

この時初めて、この半年の努力が報われた気がした。

思えば長い道のりだった。腕立て伏せと腹筋運動は毎日行った。テレビに映っている時間以外は、ほとんど腹割りのために費やした。

当たり前のことだけど、テレビでは服を着ているので、スーツの上からでは、筋肉は見えない。この時期、視聴者の皆さんにとって僕はただ毎週やせていく司会者でしかなかっただろう。

「ミヤネ、病気か!?」

「ミヤネ、激ヤセ、何が原因？」

インターネットでは病気説が広がった。

「僕は元気です！」

ミヤネ屋で病気説を否定した。しかし、否定するとよけいに噂《うわさ》は広まる。

「ミヤネちゃん、ホンマに病気違うの？」

親切な大阪のオバチャンに何度訊《き》かれたことか。

実家のオフクロからも電話があった。

「セイジ、あんた、疲れてるんちゃうか？　病気なんちゃうか？」

テレビに映る息子のやせ細っていく姿を心配してくれたのだ。

「六パックつくってんねん！」

オフクロは安心したようだが、さすがに僕のオフクロ、うちに遊びに来た時、

「腹見せてみ！」

「なんや、腹割るって言っといて、全然割れてないやん」

「そのうち割るわ！」

「ホントか？　割れんのか？　ダメやと思うで」

どれだけへこませんねん。実の母が……。

あれから二か月。撮影スタジオで、あらためて自分のお腹を見る。大丈夫だ！　腹筋は間違いなく六つに割れている。

しかし、油断してはいけない。筋肉は平気で裏切る。撮影までの三十分ほどで、六パックがなくなる可能性もある。ゆるんでしまうのだ。それが怖い。

撮影まで二十分を切った。フロアに仰向《あおむ》けに寝て、膝《ひざ》を立て、軽く腹筋運動を行った。

一回、二回、三回……。腹筋がパンプアップしてくるのがわかる。腹筋と腹筋を分ける溝が深くなっていく。そこにかすかに汗がたまる。炭水化物を摂ったのがいい方向にでた。

「大丈夫！　イケる!!」

ようやく自分を、自分の腹筋を、信じることができた。

## HIROさんのような体になりたい

「腹筋を六つに割って、『ゲーテ』の表紙になりたい！」

生放送の『ミヤネ屋』で宣言したのは、この七か月前。二〇一四年四月だった。

男性月刊誌『ゲーテ』の表紙では、ＥＸＩＬＥのＨＩＲＯさんや、郷ひろみさん、中田英寿さんなど、さまざまな人が肉体を披露している。

「カッコいいなあー！」

憧《あこが》れと、羨望《せんぼう》と、同じ男として若干の嫉妬の気持ちで眺めていた。

でも、最初はあくまで読者としての目線、完全に他人事《ひとごと》だった。しかし、この年の二月、突然、腹筋を割るのが自分の現実の目標になってしまった。

それは、東京マラソン出場がきっかけだった。これも『ミヤネ屋』で宣言して行ったチャレンジだ。

「四時間三十分を切ります」

生放送で視聴者の皆さんに向かって約束した。

フルマラソンは過去に三度走ったことがある。三十代に一度、四十代に二度。

一度目と二度目は、兵庫県の篠山ABCマラソン。そして二度とも四時間五十分で完走した。その時からマラソンをなめてしまっていた。

そして、三度目は二〇〇九年の東京マラソン。初挑戦の篠山で五時間を切ったので余裕だと、練習も十分にしなかった。

「四時間三十分を切れなかったら、丸刈りにします」

『ミヤネ屋』の生放送で宣言した。

二度の篠山は高低差のある過酷なコース。そこで五時間を切ったわけだから、平坦な東京マラソンでは

「四時間半なんてちょろいもん」

周囲にも豪語していた。

しかし、結果は散々。まさかの五時間五十六分。四時間三十分を切るどころか、六時間近くもかかってしまった。東京マラソンの翌日、生放送中のスタジオにバリカンが用意され、ガダルカナル・タカさんが容赦《ようしゃ》なく髪をザクザクと刈っていく。今ふり返っても、あの時は恥ずかしかった。

二〇一四年の東京マラソンは、二〇〇九年のリベンジ。前回を反省して準備を重ねて本番に臨んだ。

トレーニングは一か月に二〇〇キロメートルは絶対に走ると決めた。月間二〇〇キロだと一週間に五〇キロ。そこで、一週間に二回、二〇キロと三〇キロを走った。

一回は、平日に大阪で二〇キロ。ミヤネ屋の後に読売テレビ近くの大阪城公園を走った。冬、天守閣おろしの寒いことといったら……。

そして、週末に東京で、フジテレビの『Mr.サンデー』の生放送前に皇居の周りを三〇キロ走った。

東京の街は平坦に感じるが、走ってみると小さな坂道の連続だった。

皇居の周囲も、毎日新聞がある竹橋からTOKYO FMがある半蔵門あたりまではほぼ上り坂だ。じわじわと心臓にきいてくる。

そして、半蔵門を過ぎると、国立劇場を右に見て、今度は急激な下りになる。下りは上りと比べて楽に見えるが、スピードを一定にするため、膝にかなりの負担がかかった。

そんなコースでいつも走っている〝皇居ランナー〟はここ一番に強いといわれている。

僕の仕上がりは順調だった。東京マラソンが近づくにしたがってわくわくしてきた。

大会まで一か月を切った頃から、スピードを上げた一〇キロメートル走も練習メニューに加える。銀座や新宿の人混《ひとご》みを縫うように走ると、嬉《うれ》しくなる。

「オレが参加する大会は、こんなに大勢の人もクルマも全部止めてやるんやな」

これもマラソンランナーの快感の一つだ。

結果は、四時間十五分でゴール。

目標タイム、四時間三十分を切ることができた。苦しかったのは、やはり三七キロあたり、佃大橋《つくだおおはし》だった。上りと下りの連続で、ペースが落ちた。あそこを踏ん張れば、さらに五分はタイムが縮まったはず。悔いが残った。

「次回は四時間切ってやる!!」

あっ、まずい！　また言ってしまった!!

## （腹筋割りはテレビをご覧の皆さんへの〝お土産〟）

でも、僕は無事四二・一九五キロメートルを完走。四時間半も切り、大満足の東京マラソンのはずだった。

ところが、一つ、予想外のことがあった。フルマラソン四二・一九五キロを完走したにもかかわらず、体重も一〇キロも落ちているのに、体はまったく引き締まっていなかったのだ。

「あれっ？」

風呂上がりに自分の体を見て、愕然《がくぜん》とした。パンツのゴムの上に、なんとポテッとした贅肉《ぜいにく》がのっかっているのだ。さらに、その上のおっぱいは、女性のようになだらかな丘を描いてふくらんでいる。見た目によってはポチャッとかわいい。

「ウソや〜ん」

「あんなに腕をふって、あれだけ走ったのに、なんでこんな体なん、ちょっと小太りのオバチャンやん」

「そもそもマラソン完走したのに、なんでおっぱいがあるの？」

悲しみがこみあげてきたが、すぐに答えがでた。

「これがオッチャンってことなのね☹」

「これが五十代ってことなのね☹」

東京マラソン前には、腹筋運動もした。ノルマは一日百回。普通に六十回。ひねりを加えて左右各二十回である。

そんなに鍛えたにもかかわらず、お腹がボヨンなのである。

「それがオッチャンってことなのね☹」

「それが五十代ってことなのね☹」

もう一度かみしめてみた。その時ふと思った。

「ＨＩＲＯさんはどうやって体をつくったんだろう⁉　郷ひろみさんは⁉　中田英寿さんは⁉」

「そもそも男なら人生で一度だけでいい。あんな体になってみたい！」

ああー、また僕の悪いクセがでた！

そんな頃である。読売テレビの廊下で『ミヤネ屋』のプロデューサーのマツモトが近づいてきた。なんだかニヤニヤしている。彼がこういう表情で寄ってくる時は危険だ。

「ミヤネさん、フルマラソン、お疲れ様でした。で、次何します？」

なんや、その人の気持ちを見透かした顔は。

「じゃ、オレ、次はお腹、六つに割ろか？」

反射的に思わず口がしゃべってしまって、耳が聞いて驚いた。

マツモトのリアクションは早かった。その場ですぐに証拠のＶＴＲを撮影された。

「ああ……、やってもうた。言ってもうた」

その日の生放送では、視聴者の皆さんに向けても正式に宣言させられた。

「腹筋を六つに割って、『ゲーテ』の表紙になりたい！」

宣言した当日は『ゲーテ』の舘野晴彦編集長が『ミヤネ屋』のコメンテーターとして出演していた。当然、舘野さんに了解などとらずに勝手に言ってしまったので、あの時の舘野さんのあ然とした表情は今も忘れられない。

僕は、テレビの帯番組には〝お土産《みやげ》〟があるといいなと思っている。お土産というのは、番組のサイドストーリー。

僕は月曜日から金曜日まで帯で放送されるワイドショーは、毎日見てくださっている視聴者の方々に、最新情報ともう一つ別のお楽しみがあったほうがいいなと思っている。

毎日テレビに出演させてもらっている僕が、同時にマラソンへ向けてトレーニングしている。あるいは、腹筋を六つに割るために鍛えている。

「テレビでは楽しそうにしゃべってるけど、きっと放送が終わるとすぐに大阪城公園へ走りに行くのよ」

「政治のこと、まじめくさって話してるけど、放送後は腹筋のことばかり考えてるんだろうなぁ」

「半年後どうなるんだろう。この男は？」

政治や経済や芸能ニュースをしゃべる僕を見て、視聴者の皆さんが僕のオフまで想像してくれたら？　テレビ画面に映っている僕だけでなく、見えないところまでイメージしてくれるかも？　それがテレビをご覧の皆さまのもう一つのお楽しみになればいいなと思っている。

「今頃きっと、ミヤネ苦しんでるで、あせってるで」

夕ご飯の準備をしながら少しでも思っていただけたら嬉しい。

「逆に、それしか僕にはないな……」

そう思うことすらある。

『ミヤネ屋』に限らず、今までに僕はいろいろなことをしてきた。

●冬の淀川を泳いで渡る

●一〇〇キロメートルマラソン挑戦

●時速一二〇キロメートルの球を投げる

●篠山ABCマラソンで五時間を切る

などなど。

一〇〇キロマラソンの時は、番組放送終了直後に走り始め、翌日の放送までに帰ってくることを目指した。あの時は、スタッフが距離をいい加減に測ったため、一二〇キロも走る羽目になった。

淀川は幅四五〇メートル。冬の水は氷のように冷たくて、海風でなんと川上に流されてしまった。それでもなんとか泳いだ。

そんなわけで、「東京マラソンで四時間三十分を切る」というお土産に続いて、「腹筋を六つに割る」というお土産を自分に課してしまった。

テレビで宣言すると、企画はどんどん大きくなっていった。その後に『ゲーテ』誌上で対談したＨＩＲＯさんからの提案で、腹筋が六つに割れたらＥＸＩＬＥファンが愛読している『月刊ＥＸＩＬＥ』の表紙にも載せてもらえることになった。とても嬉しかったが、対談を終えて品川から新大阪へ向かう最終の新幹線では息苦しくなって、ビールを飲んでもまったく酔えなかった。

いよいよ後戻りできなくなった。

もう、マジでトレーニングを始めるしかない。

BODY

MIYANE

MAKE

# 第一章
# 脳をだまして全身を手の甲だと思おう

CHAPTER

01

# まず健康診断を受けよう

「肉体改造するのは今しかない！」

その思いは強かった。

腹はボヨン。

胸もポヨン。

とはいえ、フルマラソンを完走した。今ならトレーニングに耐えられる体にはなっているはずだ。始めるなら、体がなまりきってしまう前にスタートしたほうがいい。

そして、年齢的なことも考えた。この時、僕は五十歳。まだ体が動く。それに、五十代で体を改造して披露したら、世の中の同世代のオッチャンたちを少しでも勇気づけられるかなと。

「もうあきらめていたけれど、ミヤネにできるなら、俺にもできるはず！」

視聴者の皆さん、特にオッチャンやオバチャンに思っていただけたら嬉《うれ》しい。

「やるでぇ〜」

気合が入ってきた。

さて、肉体改造前には必ずやっておかなくてはいけないこと、それが病院での健康診断。本当にトレーニングをしても大丈夫なのか、お医者様に診《み》てもらう必要がある。

僕の肉体改造は、見た目重視。Tシャツのカッコいいオッチャンとして街を歩きたいだけなのに、体を壊したら本末転倒だ。高血圧なのにトレーニングをしたせいで、脳卒中になった人の話を耳にしたこともある。

僕の場合は、毎年、正月休みに人間ドックに行っている。

実は昨年までは、肝臓系の数値が少し高かった。また、体脂肪も多めだった。それが東京マラソンへ向けてのトレーニングで、すべて正常値に戻った。

そういった意味でも、肉体改造には絶好のタイミングだったのだ。

## ダイエットではなくボディメイク

さあ、いよいよ肉体改造開始。でも、僕は、自分がやろうとしていることを「ダイエット」と呼びたくはなかった。なんとなくマイナスの響きがあるような気がする。

これは、僕の思い込みなのかもしれないけれど、ダイエットには「我慢《がまん》」とか「耐える」とか「辛《つら》い」という言葉を連想してしまうのだ。何かプラスなイメージの名前はないか？　たとえば、たまにテレビ局で、司会者ではなくMCと言われることがあるが、そのほうが仕事できそうな気がする。

「お仕事は何をされているんですか？」

「ええ、まあ、MCを少し」

なんだか特別感がある（と思う）。

同じように「編集者」よりも「エディター」のほうがカッコいい。やり手っぽい気がする。

じゃあ、ダイエットではなく、何なの？　「減量」でもないし「シェイプアップ」でもない。何かカッコいい、気持ちが前向きになる名前はないかな――？

そうだ！　「ボディメイク」は、どうだろう!!

「さあ、今日もボディメイクするぞ！」

実際に声に出して言ってみた。

なんだかプロのアスリートになったような気がした。さらに、アーティストのような気持ちにもなれた。何しろ「ボディ」を「メイク」するのだ。音の響きだけだけど、なにか攻《せ》めてるような気がしてくる。

「よし！　今日からオレはプロのボディメイカーだ‼」

名前が決まると、ボディメイクが、司会者とはまた別の、自分の大切な仕事のように思えてきた。

テレビカメラに向かってしゃべっている時は「司会者・宮根誠司」である。でも、番組が終わると同時に、別人格の「ボディメイカー・宮根誠司」になるのだ。

これは後になって、一日のうち二つの仕事・人格があることが最高の気分転換になることがわかった。皆さんもぜひ一度お試しください。

## デビュー日を決めよう

だらだらと無計画にやっても成果は上がりづらい。だからまず、デビュー日を決める。そこを目標として徐々に自分を追い込んでいこう。「デビュー」という言葉も、ボディメイクと同様に響きがいい。

「宮根さん、デビューはいつ？」

「ううん、夏あたりを予定しているんだけどね。決まったら真っ先に教えるわ」

いい感じだ。

では、実際にはいつがいいのか——。

たとえば、海開きやプール開きが多い七月一日はどうだろう。体をどんなに絞っても、オッチャンはふだん服を着ている。ボディメイクの成果を披露することはできない。街中で披露したら、逮捕される心配もある。しかし、この日なら、太陽の下、思いっきり体を見せることができる。

あるいは、太陽ギラギラの八月のどこかでもいいだろう。この日に着るべきTシャツをあらかじめ買ってしまおう。もちろん、今までよりもワンサイズ小さく、派手めのものを選ぶ。そして、自宅の部屋にハンガーでつるして毎日見る。

「八月○日、このTシャツを着て、渋谷のスクランブル交差点を渡る！」

「八月○日、心斎橋のアーケードを往復する」

「八月○日、夏休み真っ只中《まただなか》のディズニーランドに行く」

見事に仕上がった肉体にみんなが思わず振り向く、そんな日を妄想をして日にちを決めよう。

# 継続のために基本方針をつくろう

ボディメイクについては、僕は初心者。やはり、試行錯誤した。でも、一か月ぐらい経《た》ってなんとなくわかってきたことがあった。

それが次の「オッチャン・ボディメイキング五箇条」だ（詳細はそれぞれ後述）。僕は、まずこれを基本のルールにした。


**其の一、徹底的に脳をだませ！**

唐突だけれど、「自分は渡り鳥」「自分の体は全部手の甲」だと思い込む。何千キロも飛ぶ渡り鳥の体には余分な肉はついていないはずだ。人間の手は常に動かしているので、その甲は脂肪がつきづらい。

だから、いつも自分を「渡り鳥」や「手の甲」だと、徹底的に脳をだます。これは実は友人のナカムラに教えられた。

**其の二、食事制限はしない**

ボディメイクを始めてすぐに食事制限をすると、辛くて寂しくて続かない。また、一人だけ食事制限をしていたら、友達との食事でも雰囲気を悪くしてしまう。でも、少しずつ目に見えて体が絞れてくれれば無理をしなくても、自発的に食事は減らすようになる。それまでの努力がもったいないから。食事制限の開始は自分の気持ちに任せよう。

**其の三、無理はしない**

自分の運動能力をはるかに超えるようなボディメイクは避ける。見た目をよくするために、体を壊したら本末転倒。僕たちはオッチャンやオバチャンなのだから。

**其の四、毎日筋肉と会話をする**

鍛えている箇所を意識するだけではなく、頑張った筋肉をほめてあげる。筋肉が愛おしくなり、筋肉もさらに頑張ってくれる。たとえば、胸の筋肉とかに触れながら、実際に語りかけ、「よくやった、よくやった」と言ってあげよう。

**其の五、家事はすすんでやろう**

ゴミ捨て、風呂やトイレの掃除、皿洗い……家事はすべてボディメイク。すべては6パック《シックス》のため、体のため、そう意識を変えると、家事も率先してやりたくなる、そのうえ、家庭円満。

以上がボディメイキング五箇条。
さあー、実際に何をやるのか！
いよいよスタート‼

## 自宅でできるボディメイクを考えよう

「うわっ、きっつい！」
思わず声を発してしまった。

五十一歳を迎えた四月二十七日、『ゲーテ』の撮影も兼ねて渋谷のフィットネスクラブを訪れた。そこで、ロータリートルソーという体幹をひねりながら腹筋を鍛えるマシンを試させてもらった。負荷は六五キロ。この当時の僕の体重は六六キロだったので、自分と同じくらいの重さだ。

これが思いのほかきつい。周期の目も気にせずに悶絶《もんぜつ》した。

「ミヤネさん、もう少しだけ、両膝《ひざ》をグイッと締めてください」

女性インストラクターが優しい声でアドバイスしてくれる。しかし、なかなかうまくいかない。

「はい。うわっ！　腹筋の奥の奥まで効《き》いています……」

額に汗がにじんでくる。

「いい感じです！」

とインストラクター。

「ホントですか？」

「このままの姿勢を維持しましょう」

「えっ⁉」

わずか三十分ほどのトレーニングで、へとへとになった。このトレーニングを続ければ腹筋は割れそうだ。でも、こんなにきついのか。一つの種目でへこんだ。

しかし、幸い僕には仕事があるので、毎日ジムに通うことはできない。変な言い訳だが、世の中のオッチャン、オバチャンも忙しい。

ならば自宅でのトレーニングでどう体を絞っていくか——。

それを考えた。

## とりあえず全身を手の甲だと思おう

「ミヤネ、自分の手の甲《こう》を見てみろ!」

ボディメイクをスタートしてしばらくした頃、ナカムラに言われた。

「手の甲? なにそれ」

「手の甲に脂肪、ついてないよな?」

「そうやな」

「それはな、手は常に動いているからだ」

「どういうこと?」

「常に動かしているところには脂肪はつかない」

「あっ！　なるほど」

「だから、今日から体全部を手の甲だと思って生活しろ」

「自分自身が手の甲って、アホ！　そんなん思えるか‼」

「できる！　自分の脳をだませ。脳をだまして、しかも実際に可能な限り体を動かせば、大きな負荷をかけなくても、体全体の脂肪が落ちてくる」

「そんなもんかなあ」

「そんなもんだ！　脳をだませ‼」

とりあえず、半信半疑ながら僕は自分の体を手の甲だと思うようにした。

道行く人を見ていると、確かに手の甲に脂肪がのっている人は少ない。多少太っている人でも、手の甲はすっきりしている。骨や血管が浮き出ている人すらいる。

「なるほど！」

ナカムラのアドバイスがなんとなく理解できた。

「オレは手の甲だ。オレの体は手の甲だ」

繰り返し脳に言い聞かせてみた。すると、何日か経《た》つとだんだん自分が手の甲になったように思えてきた。

脳は意外と単純なんだなぁ。もしかしたら僕の脳だけが単純なのかもしれないが。

考えてみれば、

「お酒が飲みたいなあー」

そう思った次の瞬間、飲み屋を探している自分がいる。

「温泉行きたいなあー」

そう思うと、通りがかりの旅行代理店や新聞にはさまっているツアーのチラシに自然に目が行くようになる。それと同じか⁉

「オレは全身が手の甲だ」

そう思うと。体全体が「いつも動いていなくちゃいけないから、脂肪なんてつけてる場合じゃないぞ」という感じになってくる。とにかく体の各部所をこまめに動かすことを心がけた。

BODY

MIYANE

MAKE

第二章

# 「フッハッフッハッフッハッ!」高速腹式呼吸の効果

CHAPTER

02

# すぐ変わる！ 胸から最初に引き締めよう

僕のボディメイクの目的は腹筋を六つに割ること。しかし、最初は腹部よりも胸を意識した。というより、そうせざるをえなかった。

本当にお腹《なか》はなかなかへこまない。脂肪も落ちない。

「こんなに頑張ってるのに、なんで、腹、へこまんの？」

毎日自分のへこまない腹を眺めては、逆に心がへこんだ。

お腹だけを見ていると、自分がやっていることが正しいのか不安になってくる。しょうがないので、しばらくお腹は無視した。というか、見ても見ていないふりをした。お腹はあまりにも変わらないので本当に嫌になってしまう。

そこで、ポヨンとなっている両胸を引き締めることから始めることにした。

「まずはこのかわいらしい微乳《びにゅう》を鎧《よろい》のようにしてやるぞ」

胸はボディメイクの後、ハリが感じられる。やった感が一番ある。

そもそもマラソンの後に驚いたのは、下おっぱいのたるみである。

「マラソン完走したのに、なんでおっぱいがあるの？　それも微乳の」

だから、胸からやろうと決めた。

下おっぱいとは、つまり女性でいうところのアンダーバスト。

きっと女性の皆さんはできればバストが張ったままの状態を維持していきたいはず⁉

そして、この僕の胸も下おっぱいが垂れているのが気になってしょうがなかった。

この下おっぱいピン！　に一番効果的だったのは、椅子《いす》を二脚利用しての腕立て伏せだった（一三四ページ参照）。

椅子は、安定さえしていれば何でもいい。パイプ椅子でもいいし、ダイニングテーブルで食事をする椅子でもいい。言うまでもないが、絶対に避けなくてはいけないのはキャスター付きの椅子。

やり方は簡単。両手をそれぞれ同じ高さの椅子に置いて、腕立て伏せをするだけ。

スタンダードな腕立て伏せとの違いは、椅子の高さよりも、深く体が落ちるので、胸に効果的に多くの負荷がかかる。やってみるとわかるが、体を下げた時に、下おっぱいに効《き》く効く。

「うわあー、きっついわあー！」

初めて試した時は両胸がきりきりっとした。

この時、下おっぱいのライン、特に外側と下側にワイヤーが入っているイメージが大事。女性の方なら、形状矯正《きょうせい》ブラジャーをつけている感じだろうか。

慣れてきたら椅子の幅を広げてなるべく体を下に落とす。すると、すぐに下おっぱいにワイヤーがぐっと入ってくる感じがする。一回目からおっぱいが上に上がっている気がする。

これは即効性があると思う。このボディメイクを続けることで、短期間で明らかに胸のカタチが変わってくる。

これは、ぜひ女性にもやっていただきたい。きっとすぐに効果が実感できる。万有引力に負けて、一度下を向きかけたバストが、またツンと上を見るようになるかも。何しろ、自前の形状矯正ブラを体内にしこむのだから、オッチャンが女性にアドバイスするのも変といえば変なのだが。

そして、ボディメイクしていない時も、常に体の外側の胸の下にワイヤーが入っていると思おう。徹底的に脳をだまそう。脳はすぐその気になってくれる。

# ベンチプレスを成長の物差しにしよう

僕のボディメイクは自宅でできるものが中心。ただ、モチベーションを上げるために、時間を見つけてジムにも通った。ジムでは、ベンチプレスを必ずやった。

ベンチは自分の成長のバロメーターである。どのくらいの重さを上げることができるのかを試す。最初は自分の体重を目指した。自分の体重と同じ重さのバーベルを十発上げるというのを、まず目標にした。

この「十発」という言い方もいい。「十回」ではなく「十発」というのがプロっぽい。「ヨッシャアー!」

気合を入れてバーベルを上げる。前回よりも重い負荷をクリアしたときの喜びは大きい。筋肉がついてきている実感がある。

また、ジムの雰囲気を味わう、空気を吸うのも、モチベーションを高めてくれた。ジムに集まっている人はほぼほぼ筋トレをやっている。そして、会員同士、なにげにライバル意識を持っている。だから、誰かがベンチをやっていると、横目で思わず見てしまう。

最初は見知らぬ他人同士だが、やがて会話をするようになった。

「今日は何発ですか？」

「十発を三セットです。本当はもっとやりたいんですけれど、仕事の合間なので、このへんでやめておきます」

「いやあ、仕事の合間もベンチをやるとは、凄《すご》いですね」

こんな会話をしている自分にちょっと酔う。

重たいバーベルを上げると、相手から尊敬される。あの心地よさと刺激を味わうために、ときどきはジムへ通った。

## 身近にあるものを有効活用しよう

胸のボディメイクでは「歌本つぶし」も効果的だった（一三一ページ参照）。

「歌本」というのはカラオケ用のソングブックで、僕はいつも『昭和歌謡大全集』（成美堂出版）を持ち歩くようにしていた。七百曲近くの歌詞が掲載されているので、分厚い。そして重い。電話帳や百科事典のようなものでもＯＫ！

これを自宅や放送局の楽屋で両脚を肩幅よりやや広い幅にして立ち、背筋を伸ばし、両手で歌本を力いっぱいはさむ。両手のひらで押す。ただそれだけである。それだけだが、本をつぶすつもりでやる。大胸筋がパンプアップする気がする。さらに胸の中心線の溝が入ってくるイメージをする。プルプル腕が震えるまでやる。

腹筋の椅子も、歌本も、とにかく身近なものの有効活用。いつでもどこでもボディメイクをやろう。

## 見た目重視だから上半身から鍛えよう

腕まわり、肩まわりの筋肉を鍛えるにはダンベルを使用した（一二四、五ページ参照）。用意したのは二キロのダンベルを二個。

まずは、ウォーミングアップ。二つのダンベルをそれぞれ左右の手で握り前後に二十回ずつグルグルと回す。

次にダンベルを握ったまま、腕を左右に水平に伸ばす。

この時、自分が渡り鳥になったイメージを持つ。渡り鳥は、海の上を何千キロの旅をしなくてはいけない。だから、余分な脂肪なんてつけていると死に直結する。肥満は死に直結だ。そこで、渡り鳥になった気持ちになって、脳から体全体に「脂肪をつけると海に落ちるぞ」という暗示をかけてやる。

次に、上腕で前にまっすぐ持ち上げる。この時、腕はもちろん、胸の筋肉も鍛えられる。

筋肉がついてくると、二キロのダンベルでは物足りなくなる。三キロ、四キロとより大きな負荷をかけたくなる。でも、慣れるまで我慢する。

「僕はスポーツ選手ではない。ボディビルダーでもない」

運動能力を上げるのではなく、見せる筋肉をつけることが目的なのだ。

大きな筋肉をつけるのではなく、脂肪を減らしてほどよく筋肉をつけ、最終的に腹筋を六つに割りたいだけだ。

Tシャツ姿がカッコいいオッチャンになりたいのだ。

最終的には四キロのダンベルでやった。それ以上はケガが怖いと思ってしなかった。

また、スクワットのような下半身を重点的に鍛えるのは避けた。

下半身を鍛えるのは、本来効果的で、ほかの筋肉よりも大きい大腿筋《だいたいきん》や大臀筋《だいでんきん》を鍛えると、エネルギー消費量が増す。すると代謝が格段に上がって脂肪が燃えやすくなる。

ただし、ふとももやお尻が大きくなると、細いパンツがはけなくなる。

僕が理想とするのはＨＩＲＯさんのような体。細いパンツがはけなければ意味がない。そこで、上半身中心のメニューを組むようにした。

実は、膝《ひざ》を一度痛めたことがある。かつてＴＵＢＥのコンサートで、ヴォーカルの前田亘輝さんにステージに呼ばれ、調子に乗って何度もジャンプをして、痛めてしまったのだ。それ以来、膝にはできるだけ負担をかけないようにしている。でも、マラソンは走っているので、言い訳かもしれない？

ただ、腹筋運動をやると下半身の筋肉を自然と使っているのがわかる。だから、脚もきちんと引き締まってくる。ベンチプレスだって、上半身の筋肉だけでは上がらない。体全体を使うので、下半身も程よく鍛えられている。

「上半身のボディメイクで十分」

だと僕は思う。

ところで、渡り鳥になった僕は、ダンベルを持っていない時でも渡り鳥になった。

「オレは渡り鳥。何千キロも海を越えて飛ばなくちゃいけない。だから、脂肪をつけている場合ではない」

読売テレビの廊下でも、フジテレビの廊下でも、渡り鳥になったイメージで、両手を水平に広げて、バタバタと羽をばたつかせて歩いた。読売テレビのスタッフは僕が渡り鳥なのを知っているので、「渡り鳥、きたー！」ともうなれっこである。フジテレビに行くのは週末の夜なので、人も少なく好都合！

でも一度、廊下の曲がり角で、若いＡＤの女の子に、出合い頭、ギョッとされたこともあった。見てはいけないものを見てしまったと、びっくりしたのだろう。しかし、そんな体験にめげてはボディメイクなどできない。

ＡＤちゃんごめん。

## いつでもどこでも高速腹式呼吸

肝心の腹筋のボディメイクは、バランスボールを利用した。ボールの上に腰かけて前《ぜん》後屈《ごくつ》を行ったり、仰向けになって両脚でボールをはさんで持ち上げたり、前後に動かしたり（一三八～一四二ページ参照）。

しかし、もっとも効果を感じたのは高速腹式呼吸である。呼吸に合わせて腹部をへこませたりふくらませたりするだけである（一四三ページ参照）。

この腹式呼吸の何がいいかというと、いつでもどこでもできることだ。一日に何度でもできる。まずは起き抜けにやって、エレベーター待ちでも、横断歩道の信号待ちでも、新幹線のホームでもやった。実は、『ミヤネ屋』や『Ｍr.サンデー』の生放送中のスタジオでも、ＣＭの時間帯にずっとやっていた。

「フッハッ、フッハッ、フッハッ、フッハッ、フッハッ、フッハッ、フッハッ、フッハッ……」

ＣＭを見ながらやっていた。

「ミヤネ、何やってんの！」

と最初は異様な目で見られた。しかし、やがて周囲も慣れ、さらに僕のスキルも上がったため、みんなに気づかれないように行えるようになった。

生放送中は、一回のＣＭで百回くらいはできる。そして、ＣＭが終わったら、いつもどおり話し始める。毎日やっていると歩きながらもできるようになった。一日のトータルで二千回をノルマにした。このくらいやると、常に内臓脂肪が燃えている感じがしてくる。お腹の中がいつもなんとなく熱い。

「フッハッ、フッハッ、フッハッ、フッハッ、フッハッ、フッハッ、フッハッ、フッハッ

フッハッ……」

高速腹式呼吸を始めたら、エレベーター待ちや電車待ちでいらいらしなくなり、むしろ、待つことが喜びに変わった。

「電車、エレベーター、まだ来なくていいよー」

これは初めての感覚だった。

この高速腹式呼吸も、ナカムラに教わった。彼によると、ヨガの動作の中に似たものがあるらしい。

これは前述の手の甲理論と一緒。高速でお腹をへこませると、腹筋に負荷がかかる。そして、ずっと動かし続けることによって、お腹も脂肪をつけている場合ではないと思ってくれる。もちろん、お腹も手の甲だ。

「フッハッ、フッハッ、フッハッ、フッハッ、フッハッ、フッハッ、フッハッ、フッハッフッハッ……」

この高速腹式呼吸は、俳優の美木良介さんが大ヒットさせた「ロングブレスダイエット」の向こうをはり、「ショートブレス」とも名付けた。名前がカッコいいと長続きする気がした。

「ここでちょっと、ショートブレス、やっておくかな」

皆さんも、ぜひ毎日の習慣にしてください。

## 腕立ての回数は決めない

ボディメイクをスタートしてちょっと感動したのは、体は正直だということ。ボディメイクをやったらやっただけ、数週間後にははっきりと成果がでてくる。それまで、きつめだった服に余裕を感じるようになったり、ベルトの穴の位置が変わったり。

ただし、数週間効果を待たなくてはならない。筋肉は遅れてやってくる。

でも、ボディメイクは人を区別しない。容姿も、学歴も、年収も関係なく、やっただけ成果がでる。

そして、

「ボディメイクに、イケメン非イケメンの差別ナシ！」

僕にとってつらいボディメイクは、ジョージ・クルーニーにとっても、ブラッド・ピットにとっても、同じように辛《つら》いはずだ。苦しい時にそう思うようにした。

そんな従順な体を、僕はだますことがすべてだと、やがてわかってきた。

たとえば、腕立て伏せも回数を決めない。〝何となく〟二十回としておく。この〝何となく〟が大事だ。

あらかじめ「二十回×三セット」と回数を決めておくと、十八回、十九回目までくると、「あともう少しだ」と思って安心してしまう。ところが〝何となく二十回〟にしておくと、「まだ先があるのかなあ」と体が油断しない。その結果ペースを変えずに、二十回までいける。そして、二十一回、二十二回とさらに続ける。

「もうこれ以上無理……」

そこまでいって、一気に脱力する。ガクンと体が床につぶれる。

脳は、うっすら二十回目でやめると思っている。それを裏切るのだ。脳は終わりだと思っているのに、そのまま続ける。

「ウソやん！」

脳が驚く声が聞こえる。

「まだいくでぇー‼」

がんがん続ける。何回いくのか？　それは自分でもわからない。いけるところまでいってみる。

僕の実感では、この最後の数回がものすごく体に効いている気がする。限界がきたらちょこちょこっと少しずつ動かすだけでも効果抜群。脳が次回だまされても大丈夫なように、さらに筋肉をつくってくれる。そして、また、だます。ずっとだまし続けるのだ。

## ウェアも大事。まずはカタチから！

ゴルフやスキーと同じように、ボディメイクもカタチから入ろう。ちょっと高価な道具やウェアを手に入れることで、モチベーションが上がる。

聞くところによると、楽器も同じらしい。ギブソンやフェンダーやマーティンのようないいギターを買うとうまくなる。そのギターにふさわしい自分になる努力をするし、いいギターは演奏しやすい。

当然の考えとして「オレはまだ初心者だから、安いものでいいか」という発想はできたら避けたい。いつまでも、初心者から脱却できなくなってしまうような気がする。実際、いきなり高価なウェアを買いたいと言っても、奥さんは許さないかもしれない。

「一年間ちゃんと続いたら考えてあげるわよ」

おそらくそんなことを言われるだろう。正論だ。世の中の奥さんが言うことは、ほぼ正しい。

それでも頼むのはタダだ。言うだけ言ってみよう。

そこで、もしも買っていいという許可をもらったら、ちょっと高いウェアを買ってみよう。背伸びして手に入れたウェアは大切にするし、無駄にしないようになる。奥さんの視線も気になるから、ボディメイクにも力が入る。できたらウェアはちょっと高めを買おう。

僕の場合はEXILEのHIROさんからいただいたLDHのTシャツを着てスタートした。すると、「HIROさんに恥ずかしくないように」と思わずにはいられない。モチベーションも上がる。

「今、オレはEXILEだ！」

勝手な錯覚がエネルギーになった。

ジョン・シナのTシャツも着た。

ジョン・シナはアメリカのプロレス団体、WWEのスーパースターだ。ボディビルダー出身で、ものすごい筋肉をしている。

シナにはほど遠いが、シナになった気分でボディメイクをした。

## マシンは選び抜いて買おう

自宅での腹筋運動にはバランスボールを利用した。そして、さらに二つ、ボディメイクのために購入したものがある。

一つ目は、「チンニング＆ディップス・スタンド」だ。

ぶら下がり健康器のようなシンプルなつくりのマシンだが、大胸筋、広背筋《こうはいきん》、腹筋など多岐《たき》に渡って鍛えることができるので便利だ。

これを購入するには、家族の賛成が必要だろう。ある程度場所を占領するからだ。僕は通販で取り寄せて、自分で組み立てた。

構造は、ラグビーのゴールをイメージしてもらうといいかもしれない。縦に平行する二本のバーがあり、それをつなぐ横のバーがある。そこにぶら下がって懸垂《けんすい》をしたり、下半身を持ち上げて腹筋を鍛えたりするのだ。

もう一つは、「リファカラット」である。

女性にはおなじみの全身に使える美顔ローラー。肌の表面にあててコロコロ転がしてマッサージする。ハリとつやのあるきめ細かい肌になる効果がいわれている。

クリスティアーノ・ロナウドのCMでもおなじみだ。使ってみるとお腹と二の腕の脂肪を程よくつまんでくれた。

## 家事はボディメイクだと思おう

生活はすべてがボディメイクになる。

特に家事は有効だ。僕のボディメイクは負荷が軽く、重いものは持たず、常に（そう！手の甲のように）動かすことが肝心。だから、ちょっとした家事労働もすべてボディメイクになる。

奥さんに声をかけてみよう。

「お皿洗おうか」

これもボディメイクだ！　上腕二頭筋を意識して、キュッキュとお皿を洗う。

「ゴミ、捨ててこようか」

ポリ袋にたっぷりのゴミを入れ、できれば左右両手に一つずつ持ち、水平に保ちダンベルを持ち上げる要領で上下させながらゴミ捨て場に行く。ゴミを持つ渡り鳥。

ゴミ捨ては筋肉にかなり効く。一週間に一度の瓶《びん》や缶を捨てる日などは、負荷が大きくて最高だ。

「電球が切れた」

逆に奥さんから声をかけられたら、これもボディメイクだ!

肩甲骨《けんこうこつ》まわりの筋肉から上腕を意識して腕を上に伸ばす。

お風呂の掃除は、まず体幹を意識して腹筋に力を入れ、背骨を伸ばし、ゆっくりとバスタブを磨いていく。

掃除はどれも抜群のボディメイクだ。

特に床掃除はモップよりできるだけ雑巾《ぞうきん》が効果的。まず量販店で雑巾を買ってこよう。雑巾がけにはボディメイクの機会が何度もある。ゆすぐ時に上腕二頭筋を鍛え、絞る時に上腕三頭筋を鍛え、磨く時には全身を使う。動作の一つ一つに力を込める。床がピカピカに光るまでやめたくない。

お醤油《しょうゆ》やコーヒーをこぼしたら、これまでは「あーあ」と思ったけれど、逆に嬉しくてしょうがなくなる。

最初は筋肉が驚くかもしれない。

「えっ、家事でも鍛えさせられるの⁉」

筋肉の抗議が聞こえてきそうだが、それでも容赦してはいけない。脳をだますためだ。

もし小さなお子さんがいるならば、さらにボディメイクのチャンスタイム。

「パパ、抱っこして」

仕事で疲れている時にせがまれて、しんどいと感じた経験が誰でも憶えがあるだろう。

しかし、ボディメイカーにとっては喜び以外のなにものでもない。

「えっ、いいの？　子どもでボディメイクしていいの？」

そんな気持ちになる。

高い高いは最高のボディメイクだ。

## エレベーターも電車もジムだと思おう

もしマンション住まいならば、エレベーターの中でもやってみよう。

僕がいつもやっていたのは、壁腕立て伏せである。

壁腕立て伏せは壁に両手をつき、立ったまま腕立て伏せと同じ動きを行う。当然、負荷はあまりかからない。でも、それでもいい。なにより動かすことが大事なのだから。

混んだ電車での通勤中。高速腹式呼吸はもちろん、バッグに本や大量の書類を入れて周囲の迷惑にならない程度に上下させる。上腕二頭筋や三頭筋が鍛えられるだけでなく、姿勢を維持するために腹筋や背筋も鍛えられる。

「満員電車、ありがとう！」

「バッグの中の重たい書類、ありがとう‼」

そんな気持ちになる。

エレベーターも電車も、そこでの過ごし方しだいでボディメイクになる。

さらに、排便でも腹筋を使う意識を持つ。筋肉をつくり続けると、血液循環がよくなり、内臓も動いて便秘も解消された。人間の体は凄《すご》い。

BODY

MIYANE

MAKE

第三章

# 大人はほめられて伸びる。〝精神安定人〟をつくろう

CHAPTER

03

## 真っ赤なパンツで脂肪を燃やせ！

ボディメイク用の革製のグローヴも購入した。自宅でのダンベル、ジムでのベンチプレスをやる時にはめた。大きな負荷をかけるわけではないので、僕の場合は素手で十分だが、グローヴをはめることで〝プロ感〟を味わえる。

「オレはプロのボディメイカーだ」

という気持ちになり、頑張れる。このグローヴだが、すり減って徐々に薄くなり、ついに穴が開いた。それがまた嬉《うれ》しい。

「やっぱり、オレ、プロやなー！」

さらに、下着は赤にした。真っ赤なパンツ。

昔、どこかで聞いたことがあるが、赤いパンツをはくと、脂肪が燃えるような気がする。

「燃えてる、燃えてる」

自己暗示をかけよう。

少し前までは百貨店の下着売り場で赤いパンツを見て、

「コレ、誰が買うんや？」

と思っていたが、まさか自分がはくことになるとは。意識の変化は楽しい。

下着は、最初はトランクス派だった。通気性がいいし、なによりも楽だった。

それが、体が絞られてくると、ボクサーパンツをはきたくなってくる。締めつけられるのが嫌だったはずなのに、いつのまにか締めつけられたい自分になっている。

お腹にワイヤーが入っている感覚にもなる。

そして、鏡の前に立ってみた。

「いいやん。締まってるやん！　今度もっと小さいパンツを買おう」

うっとりする変なオッチャン。

## プロテインは容器が重要

プロテインは常に持ち歩いた。スポーツショップやドラッグストアへ行くと、さまざまな種類のさまざまな味のプロテインがあった。最近のプロテインは、どれもおいしい。

僕のお気に入りはココア味。とりあえずは、筋肉をつくってくれるタイプのものを買った。

　粉末を水で溶いて飲んだ。水は水道水で十分。

　プロテインのゴールデンタイムは、ボディメイク後、三十分といわれている。この時間帯に体にプロテインを入れると、筋肉の回復が抜群らしい。そして、筋肉を大きくしてくれる。だから、できるだけゴールデンタイムに飲むようにした。

　僕はプロテインが大好きだ。飲むとき、プロのアスリートになった気分になれる。まさに、仕事終わりのビールと同じ。容器は真剣に選んだ。カッコいいボトルにした。中の液体が透けて見えるタイプ。何度も言うがボディメイクはスタイルから入るのが重要。

　ジムで飲むときは特に気分がいい。ボディメイクの後、肩幅に脚を開いて立ち、天に向かってグイと飲み干すと、傷ついた筋肉にプロテインが染みこんでくれる気がする。気がするだけかもしれない。でも、それでもいい。とにかく何でも脳をだますのだから。

# あえて周囲に言いふらそう

ボディメイクをやっていることは、積極的に人に言いふらしたほうがいいと思う。

まず、僕のような意志の弱い人間にとって挫折の可能性が格段に低くなる。みんなに知らせると、「挫折したら恥ずかしい」という感情が芽生える。自分の外堀を埋め、途中でやめるわけにはいかなくするのだ。

また、人に言いまくると、不思議と筋肉に詳しい人間と情報が実にたくさん集まってくる。直接話した相手はもちろん、それを伝え聞いた人からも情報が入ってくる。

それを全部取り入れる必要はない。自分に合いそうなこと、継続できそうなことを選択してやればいいと思う。情報は多ければ多いほど、選択肢も広がり、いいボディメイクができる。

体を鍛えている人は、それぞれ違う理論を持っている。目的は同じでも、そこまでの道は無数にあり、それぞれやり方、考え方も違う。それも面白い。

ボディメイクを始めてからというもの、読売テレビの僕の楽屋は〝肉体サロン〟化した。

「砲丸《ほうがん》を投げろ」

そうアドバイスしてくれたのは間寛平師匠だ。

「砲丸が一番やで」

ある日、僕の楽屋に寛平師匠がやってきた。

「ええ体になってきたな。その体ならやれる。一緒に砲丸、投げよう」

そして、なんと、五キロの砲丸をプレゼントしてくれた。

「どこで投げるんや？」

と思いつつ、それから楽屋で毎日片手で砲丸を上げ下げした。ダンベル代わりだ。寛平師匠の好意は無駄にできない。

後日、偶然、飛行機で一緒になったときも言われた。

「砲丸投げに行こ。中京大中京行こ。ゴルフもめっちゃ飛ぶようになるで」

どうやら師匠は中京大学附属中京高等学校にコネクションがあるらしい。

中京大中京は名古屋にあるスポーツの名門校だ。

プロ野球では、日本ハムやヤクルトで活躍した稲葉篤紀さん、楽天の嶋基宏選手、広島の堂林翔太選手などがいる。フィギュアスケートでは、安藤美姫さん、浅田真央さん、村上佳菜子さん、小塚崇彦さんなどを輩出した。

縁というのは不思議なもので、さらに後日、伊丹空港でも、またもや師匠にお会いした。

「今日もダッシュして、その後砲丸投げてきたわ」

寛平師匠といえば、僕にとっては憧《あこが》れの存在だ。その師匠と筋肉話ができるとは、この上なく嬉しい。

## 筋肉コミュニティをつくろう

寛平師匠のほかにも、矢野・兵動の矢野勝也さん、武井壮さん、なかやまきんに君さん、ミルクボーイの駒場孝さん、サバンナの八木真澄さん……。僕の楽屋にみんな顔を出す。さながら連日上半身裸の筋肉バカの大コミュニティだ。

「ミヤネさん、胸きてますね～」

「わかる?」

「わかりますよ。エッジ入ってますもん」

「あっ、背中も仕上がってきてますね」

筋肉バカは「エッジ」「仕上がり」という専門用語的な言葉を多用する。

「今、ベンチ何キロ上げてるの？」

「六〇キロを十発、三セットやる」

「ミヤネさん、そんな重いのいりませんよ。軽いので回数増やして締めてみたら」

「いや、それ以上負荷も回数も増やさずに、スピードを上げていくと、もっときれいな体になるんじゃないですか」

情報を交換し、おたがいの肉体をほめたたえながら、触ったり、さすったりしている。ドアは開けたままなので、前を通る筋肉と無関係のタレントさんや芸人さんには、変な集団にしか見えないだろう。

しかし、楽しい。

実に楽しい。

筋肉トークには先輩も後輩も関係ない。筋肉がカッコよくついている人間が一番エラい。同じ筋肉仲間として会話がはずむ。とにかく、筋肉仲間を見つけよう。筋肉仲間は相手をほめまくる。「俺たちやってるよな」という連帯感は凄《すご》い。

皆さんも、一度経験してみてください。

## 嫌いな種目は避けていい

いろいろな意見を聞きながら、ボディメイクを続けていると、得意な種目と不得意な種目ができてくる。

僕が好きなのは腕立て伏せだ。回数を決めずに、限界まで続けて、最後に力尽きてフロアに崩れる。あのときの快楽にはまった。また、椅子を使った前述の腕立て伏せで、下おっぱいにワイヤーが入っていくような感覚が気持ちよかった。

苦手なのは懸垂《けんすい》である。どうしても楽しめないのだ。EXILEの事務所、LDHのトレーニングフロアでHIROさんの凄《すさ》まじい懸垂を見たせいかもしれない。あまりにもすごいものを見ると心が萎縮してしまい、積極的になれなかった。

ボディメイクは長く続けることが大切なので、好きな種目を中心に、不得意なものは気が向いたときだけにした。後述の種目を一日ですべてやる必要はない。ハリのない所。ご無沙汰《ぶさた》の箇所を重点的にやろう。

ジムへ行くと、僕はベンチから始めた。最初はおもりをつけないで、バーだけを十回ほど上げる。これがストレッチ代わり。その後、自分の体重ぐらいの重さに挑戦する。前回できなかった十発ができると、もう快感。

腹筋は単調であまり好きになれなかったが、腹筋を六つに割るのが目的なので、これだけは気が進まなくても行った。

## 意外？ 走らずに体をつくろう

意外に思うかもしれないが、走るか走らないかも、判断が分かれるところだ。筋肉仲間の意見も真っ二つに分かれた。

「走れ！」という人は有酸素運動で、脂肪を燃やせという考え方。

「走るな！」派は、走ると、脂肪も減るけれど、筋肉もそぎ落とされていくという考え方。

確かに、空腹時に走ると、筋肉から栄養を取られていく感じはあった。ならば、食事でしっかり栄養補給をして走ればいいのか。その答えを自分では出せないまま、ボディメイクを続けた。

どちらが正しいのか。正解はないのかもしれない。その人の体質や年齢によるのかもしれない。

僕自身、ボディメイク初期は走っていた。しかし、そのうち筋トレだけに集中するようになった。やはり、走ると筋肉が落ちる気がして、フルマラソン後に体が絞れていなかった体験が心にずっとひっかかっていた。

結果的には、走らずにボディメイクしたが、はたしてそれが正解だったのかは、正直、今もわからない。

## 自分の〝精神安定人〟をつくろう

大人はほめられて伸びる。小中学生ならまだしも、人生も後半に入っているのにいまさら怒られたくない。だから、ボディメイクを継続させるためには、ほめてくれる人を意識的につくろう。

僕の場合は、まず、故郷の島根にいる友人のナカムラだ。この男は常にほめてくれる。しかも、ライバルでもある。

遠方にいるナカムラとはめったに会わないが、三日に一度のペースでメールのやりとりをして、自分たちの裸体の写真を送り合う。

〈ナカムラ、今日のオレ、どう？〉

朝五時に起きて、腕立て伏せや腹筋を三十分ほどやり、パンプアップした写真を携帯で送信する。

〈ミヤネ、きてるねえー！〉

〈でしょ！〉

〈ところで、オレはどう？〉

〈ナカムラ、ボディビルダーみたいだね！〉

〈でしょ！〉

男同士で朝から体をほめ合う。二人にとっては実に楽しい時間だった。

ナカムラは、ほめるプロでもある。介護福祉士なので、

「おばあちゃん、今日はよく歩けたねえー」

「おじいちゃん、今日は体が絶好調だね。トイレ、一人で行けたもんね」

と、一日中お年寄りをほめまくっている。

ときにナカムラから

〈ミヤネ、もう六時なのにまだ写真、来ねえぞ。まさか寝てんじゃないだろうな？　オレはもう筋トレやったで〉

朝、そんなメールが来ると、あわてて自分の写真を送る。

〈起きてるよ。いつもより長くボディメイクしてたんだよ〉

と送り返す。

ときに寝坊して、あるいは疲れ果てていて、ボディメイクできないことだってある。しかし、それは白状せず、嘘をつく。

僕の嘘を、ナカムラはわかっていても、決して責めることはしない。

〈おう。本気モードに入ったねー〉

そう言ってくれる。筋肉バカ同士は相手に優しくなれる。

僕とナカムラ、それぞれの携帯には、おたがいの裸の写真が大量に保存されている。冷静に考えると、ちょっと気持ちの悪い関係だ。どちらかが先に死んだら、残ったほうが責任を持って消却する約束をしている。

ＨＩＲＯさんにもときどきメールをした。ＨＩＲＯさんには、なぜか弱音がはける。

〈頑張ってるんですが、なかなか体が変わりません。大丈夫でしょうか？〉

ＨＩＲＯさんも優しい。

〈頑張っているミヤネさん尊敬してます〉

と返ってくる。

「HIROさんが僕を尊敬してくれている!?」

たとえお世辞でも、嬉しいやら、プレッシャーやら。でも、本当にありがたかった。

「僕を表紙にすること、『ゲーテ』の編集長、舘野さんはなかなかOKをくれないんですよー」

HIROさんと対談した際に冗談で打ち明けた。

「それならば、『月刊EXILE』で表紙をやってください(笑)」

なんと、EXILEさんの雑誌の表紙にすすめてくれた。

ボディメイクは常に同じペースで体ができていくわけではない。必ず停滞期がある。階段の踊り場のようなものだ。停滞期が続くと、挫折しそうになる。そんなとき、HIROさんやナカムラのような〝精神安定人〟とメールででも会話を交わすと、またやる気を取り戻すことができた。

精神安定人、筋肉仲間を早く見つけよう。

BODY

MIYANE

MAKE

# 第四章

# カツ丼食べたら腕立て三十回追加

CHAPTER

04

## 最初は食事制限をしない

世の中のいわゆるダイエットの基本は運動と食事制限。

僕のボディメイクの基本も運動と食事制限だが、食事制限のほうはゆるーくスタートした。「それ、自分に甘すぎるんじゃないの？」と言われても反論できないくらい、何でも食べていた。

「オレ、死ぬまでにあと何回おいしいご飯を食べられるんだろう？」

五十歳を過ぎると、一食一食が大切になってくる。

だから、炭水化物も揚げ物も食べた。食事で無理をすると続かない。最低でも半年は続くボディメイク。途中でやる気を失ったら、目標まで到底行きつけない。

朝食は、毎朝、卵かけ玄米ご飯、根菜類の味噌汁を食べていた。ただし、夜はどうしても外食が多くなる。そのときは、目の前におかれたものは何でもおいしくいただいた。

もちろん、何も考えずにバクバクと食べたりはしない。そのときのメニューの中で、繊維の多い野菜から先に食べるようにはした。野菜→肉や魚→ご飯という順番で食べると、血糖値の急激な上昇を避けられると教わったからだ。

お酒もふつうに飲んだ。僕はふだんから日本酒は飲まないが、ビールや焼酎は、それまでと同じように飲んだ。

ふり返ると、ボディメイク初期にさまざまなものを食べたことがよかった。というのも、何を体に入れると筋肉がパンプアップするか、考えるためのサンプルができたからだ。自分自身の体を使った人体実験である。

たとえば、一般的に、炭水化物は太るとされている。体内に入ると肝臓で糖に分解され、脂肪として蓄積されるからだ。だから、炭水化物を抜く糖質ダイエットを行う人が多いのだ。

しかし、その一方で、炭水化物は、体中の筋肉に速《すみ》やかに栄養を行き渡らせる効果もいわれている。それによって、筋肉がパンプアップする。

毎日のように大量の炭水化物を摂り続けるのはダメだが、適量の炭水化物は筋肉にエネルギーを送り、いい状態に持っていくことはできる。そして元気がでて、その日のパフォーマンスも上がると思う。

## 食事の量は一週間単位で考えよう

ボディメイクを始めてからは、ドカ食いはしないように気をつけてきた。

暴飲暴食はもちろんいけない。でも、わかっていてもやってしまう。僕も焼き肉や中華料理をたらふく食べた夜が何度もあった。

撮影が一か月後に近づいた頃、仲間で遊びに行った熱海で大暴走してしまった。昼間から飲めるだけ飲み、食べられるだけ食べた。

そんな日の翌朝は、さすがに落ち込む。罪悪感にさいなまれる。

「ああ……、やってしまった……」

自分の意志の弱さをあらためて思い知らされ、うんざりした。

しかし、ボディメイクにおいて、罪悪感はモチベーションを上げるための最大の原動力だとわかった。暴飲暴食をしてしまった翌日は、自然に食事やお酒の量はおさえるし、罪悪感から回数を増やしたり、負荷を大きくしたりする。

「昨日はカツ丼を食べたから、腕立ては三十回増やせるはず」

「どんぶりの白米を食べたから、ベンチはプラス十発いけるはず」
いつもは三セット行っている腹筋をもう二セット増やして、五セットにしたり、高速腹式呼吸を超高速腹式呼吸にしたり。暴飲暴食の罪悪感をプラスのエネルギーに変えよう。実際に暴飲暴食の翌日はボディメイクのギアを一段も二段も上げた。

さらに食事は、一日ではなく一週間単位で考えればいいと思う。一日単位はきつすぎる。一日三食で、一週間で二十一食。腹八分目を「勝ち」、食べすぎを「負け」としたら、二勝一敗ペースで、十四勝七敗で一週間を終えられればOKと考えた。そもそも全勝なんて無理だ。オッチャンは、一週間に一度や二度は飲み会や外食がある。

プロ野球と同じ考え方で、同じチームとの対戦は三連戦が基本。三タテは狙わずに、二勝一敗ペースでシーズンを進んで終えれば、ダントツの成績で優勝できる。こんなゆるい感じで食事しよう。

ちなみに僕のルールでは、玄米食はそれだけで一勝に数えた。ゆっくりと消化される玄米は血液中の血糖値を急激には上げないらしい。膵臓《すいぞう》からインスリンがゆるやかに分泌される。だから、もうそれで「一勝」。

朝昼玄米を食べたら二勝なので、夜は白米もOKだ。二勝一敗でその日を終えられれば、ノルマはしっかり果たしたことになると決めた。

## 体重増は高性能エンジン搭載と思え

そもそも一時的な体重の増減を気にしてはいけないと思う。食べたら増える。食べなきゃ減るのは当たり前で、一喜一憂《いっきいちゆう》しても意味はない。最初は〝だいたい〟がいい。アバウトでいいと思う。

短期間で体を変えなくてはいけない理由がある人は、徹底的な食事制限もしかたがないが、僕には無理だった。そもそも何十年もかけて地層のようについた脂肪はすぐには落ちるわけないし、逆に、一回だけたくさん食べたからといって一気に太ることもない。神経質になって続かなかったら意味がない。一週間に一度くらい、好きなものを好きなだけ食べて、ストレスを発散しよう。

ボディメイクを始めると、まず、もともとある脂肪の下に筋肉がついていく。筋肉は脂肪よりも重い。だから、どうしたって一時的には体重が増える。

しかし、筋肉は自動車のエンジンのように、燃料である脂肪を常時燃やしてくれる。

だから、一時の体重増は良質のエンジンを搭載したと思うべきだ。喜ばしいことなのだ。体重が増えたら、それは肉体が変わり始めた証《あかし》だと思おう。

## “もったいないスイッチ”に従おう

ボディメイクを続けていると、ふつうに食事を摂っていても、やがて体が目に見えて絞れてくる。すると自《おの》ずと食事を減らすようになる。せっかくボディメイクをやっているのに、腕立て伏せも、退屈な腹筋も、高速腹式呼吸もやっているのに、たくさん食べてしまうと意味がないと自然と思うようになってくる。

「ああ、もったいないことをしたなー」

と思えてきて、食事の量を勝手におさえるようになる。

「オレ、腕立ても、腹筋も、こんなに頑張ってるんだから、食べる量を減らしたら、もっと効果が出るんじゃないの?」

と自然と考えだす。僕はこれを「もったいないスイッチ」と呼んでいた。

「今日は焼き肉にゴハン。いや、ゴハンはやめとこ。せっかく腹筋やったのにもったいないない」

「久しぶりに、カツカレー、頼んじゃおうかなあ。いけない、いけない、もったいない。高速腹式呼吸二千回もやったのに、あれが全部無駄になる」

もったいないスイッチが入るようになれば、しめたものだ。ボディメイクの成果が加速度的に上がってくる。

さらに、この段階に入ったら、食べたくなったら自分の周囲の〝ダメな人〟を見つけて、「ああなっちゃいけない!」と思うようにしよう。

僕の場合は、マネージャーの丸本がまさにダメな人だ。丸本は、焼き肉とゴハンを好きなだけ食べ、唐揚げも好きなだけ食べる。ボディメイク中の僕の目には堕落《だらく》している人間にしか映らない。

しかも、僕がボディメイクをしているのを知っているのに、目の前で平気で食べて、飲みまくる。撮影日が近づいても変わらず、食べて、飲む。

「ああ、こういう人間になったらいけない」

そんな気持ちがまたボディメイクの原動力になった。丸本君、違った形でありがとう。

もったいないスイッチが入る頃になると、体験的に食べていいものがわかってくる。鶏のささみ、マグロの赤身、豆腐……など良質のタンパク質を多く含む食品を積極的に摂るようになった。

さらにバナナはボディメイクの優等生。果物の中でも高カロリーだが、食物繊維が多いので、消化器系にいい。腹持ちがいいのもありがたい。便秘解消にも抜群。甘いので元気にもなる。

次にナッツ。こちらも小さいわりには高カロリーだが、体内で脂肪を燃やしてくれるらしい。さらにタンパク質をはじめ良質な栄養がつまっている。おやつに最適。

ガツン！　とボディメイクをする前には、思い切っておにぎりやチョコレートを逆に食べた。糖質は体を元気にしてくれる。〝快楽ホルモン〟が出る気がする。パフォーマンスは明らかに上がる。ゴハンもチョコレートもときとして、マイナス要因よりもプラス要因のほうが大きいと思った。

ボディメイクを始めてから、僕はトートバッグを一つ買った。中にボディメイク関係のものを常備するためだ。ウェア、シューズ、プロテイン、アミノ酸とともに、バナナとナッツはいつも持ち歩いている。急に空いた時間に短時間でもボディメイクできる。そして、プロなのだから必需品。ここでも脳をだます。

オッチャン、オバチャンと言われる年齢になると、食事の量を減らすと、体内の油分が減る。僕は手足がかさかさになった。だから、朝、コーヒーの中にヴァージンオイルを数滴たらすようにした。

## ノンアルコールビールで無頼派に

お酒を飲んで無性に酔っぱらいたいときもある。そういうときはバーボンのような強めのお酒を飲んだ。ロックで一杯、キュッとやれば、すぐ眠れた。もったいないスイッチが入るようになってからは特にノンアルコールビールを愛飲するようになった。

いろいろ試してみたが、僕のお気に入りは「アサヒ ドライゼロブラック」。箱買いしてがんがん飲んだ。限りなくビールに近い味なのでびっくり。アルコール分0％。エネルギー0カロリー。聞くところによると、表示が「0カロリー」でも、実際には数カロリーはあるらしい。でも、数カロリーなんて、0カロリーみたいなものだ。そのわりにはお腹はいっぱいになるし、ちょっと酔った気分まで味わえた。

ノンアルコールビールは素晴らしい。なにしろ、平日の朝飲んでもいいのだ。

「オレ、ひょっとしたら無頼派《ぶらいは》？」

作家の伊集院静さんになったような気がして、ちょっとにんまりしてしまう。

ノンアルコールとはいえ、朝からビールを飲むと、かすかな罪悪感はある。その罪悪感をエネルギーにして、ボディメイクを頑張ればいい。

「フッハッ、フッハッ、フッハッ、フッハッ、フッハッ、フッハッ、フッハッ、フッハッ、フッハッ……」

高速腹式呼吸、さぁ、やるぞ！

## BCAAを飲もう

サプリメントはほとんど使わなかったが、ナカムラに強く勧められたこともあり、BCAA（分岐鎖《ぶんきさ》アミノ酸・Branched Chain Amino Acids）だけは積極的に摂《と》った。

骨、内臓、ホルモン、そして筋肉などを構成するためにアミノ酸は体内で重要な働きをしている。特に筋肉にとって重要とされているのが、このBCAA。ロイシン、イソロイシン、バリンの総称だ。

ボディメイクを行うと、人間の筋肉は破壊される。破壊された筋肉は回復しようとするが、その際、次に同じような負荷がかかっても耐えられるように、さらに強く大きくしようとする。これを「超回復」というらしい。この時にタンパク質が合成される。BCAAを摂取すると、この回復が効率的に行われるそうだ。

さっそくドラッグストアへ行くと、BCAAのアミノ酸商品はいろいろなメーカーからでていた。その中から粉末がスティック状の袋に入っているタイプを選んだ。水で溶いたり、プロテインに混ぜたりできるからだ。

このBCAAは、ボディメイクを行う三十分くらい前、あるいは朝起きてすぐに飲む。すると体の疲れがとれ、ボディメイクのパフォーマンスが上がる。BCAAとプロテインはよく飲んだ。

筋トレは一日おきにする人が多い。筋トレで破壊された筋肉が回復する時間を与えるためだ。でも、僕は少しずつでも毎日やった。

僕はそれほど過酷な筋トレをやっていないので筋肉のダメージは少ない。回復する時間はそれほど必要ではないと思ったからだ。

僕の筋トレは、ちょっと強めのストレッチというレベル。だから、ひと晩眠れば筋肉は回復してくれる。

BODY

MIYANE

MAKE

第五章

# ボディメイクの仕上げは日サロへGO！

CHAPTER

05

## 肉体疲労なら休め。精神疲労なら逆にやろう！

体調がすぐれないとき、疲労を感じているときは、けっして無理をせずに休むべきだ。ボディメイクで体を悪くしたら、元も子もない。

疲労には大きく二種類あると思う。肉体的疲労と精神的疲労。肉体的疲労の場合は、休んだほうが回復するが、逆に精神的疲労の場合は体を動かしたほうが体調がよくなることも多い。

だから、「疲れてるなあ〜」と感じたら、とりあえず腕立て伏せや腹筋運動を軽く何度かやってみる。「あー、ダメだあ〜」と感じたら、肉体疲労なので、思い切って休んでみる。休むことも勇気だ。僕の場合、撮影日が近づくにつれ「休みたくない」「休むのが怖い」という気持ちが強くなった。体がもとに戻ってしまう気がする。それでも、疲れていたら休む勇気は必要だと思う。

逆に、軽く筋肉に負荷をかけると、意外にもテンションが上がることがある。その場合は、いつもどおりボディメイクをやってしまおう。この場合は精神的疲れと考えた。

ボディメイクによって快楽ホルモンが出てテンションが上がって、かえって元気になる。そもそも、腹筋を六つに割るためにスタートしたボディメイク。つまり、見た目がよくなりたくて体に負荷をかけている。でも、おかげで、体調もよくなった。

毎日、ボディメイクをやっているので、血液が滞っている場合ではないのだろう。高速腹式呼吸など、いつも体を動かしているから、血液はいつも体内で動きまわっていなくてはいけない。そのおかげで、いつの間にか肩こりや腰痛はまったくなくなった。

## 筋肉をほめてあげよう

前にも書いたように、オッチャンはほめて伸びる。叱《しか》ってもいじけるだけだ。

オッチャンの筋肉も同じ。ほめて成長する。頑張った後は思いっきり筋肉をほめてあげよう。感謝の気持ちを筋肉に伝えよう。

「今、君、かなりきてるよー!」

「いつもよく頑張ってくれて、ありがとう!」

頑張った場所を優しくさすってあげる。ハードなベンチプレスの後は、大胸筋を抱きしめてあげる。大胸筋を抱きしめるということは、自分で自分を抱くということなので、見た目は気持ち悪いオッチャンだが、周囲の目などは気にしていられない。

植物を育てるとき、「きれいに咲いておくれ」「かわいく開いてくれたね」と話しかけると、本当にきれいな花になるという。日本酒にベートーヴェンの交響曲を聴かせるとまろやかな味になるとも聞いた。

筋肉だって、優しく接すれば、気持ちに応えてくれる。

食事中も筋肉に話しかけよう。

「これから君に抜群の栄養を送ってあげるからね」

眠るときも、

「今、BCAAを飲んだから、眠っているうちに、痛めたところ治してね」

話しかけることで、脳からいつも以上の成長ホルモンの分泌をうながす。

もちろん、思いどおりにならなくてイライラすることもある。

筋肉は魔性の女——。

よくそう感じた。筋肉は必ず遅刻してやってくる。

こっちは必死になっているのに、すぐには応えてくれない。誘っても誘っても手の届かない遠くから微笑《ほほえ》んでいるだけだ。しかし、あきらめかけていると、ある日突然、向こうからやってくる。だから、〝魔性の女〟なのだ。

遅れはするけれど、耐えて待てば、アプローチを続ければ、必ず近くで微笑んでくれる。決して裏切られはしない。だから少しの間、体に変化がなくても筋肉を怒ってはいけない。

## 自分に一〇〇点満点をあげよう

自分の仕事を今日は完璧だったと思えることなど、ほとんどない。『ミヤネ屋』でも『Mr.サンデー』でも、もっとうまくしゃべることができたんじゃないかと毎回思う。

でも、ボディメイクなら自分に一〇〇点満点をあげることができる。

「今日は三〇キロのバーベルを十発上げる」

そう決めて、それができれば、完全無欠の一〇〇点満点だ。

昨日は一〇〇点。今日も一〇〇点。毎日が楽しくなってくる。仕事で失敗や納得できなかったマイナス部分も、ボディメイクが埋めてくれる。

それを思うと、スケジュール的に可能であれば、朝、ボディメイクをやっておきたい。

朝一番で一〇〇点満点を取っておくと、一日を気分よく過ごせるからだ。仕事の場にも、いい心の状態で臨むことができる。

朝一番でトレーニングを行って、アドレナリン全開で職場に向かえば、やる気全開。

僕は、朝五時台に起きて、トレーニングを行う。年を取ると眠る体力がなくなり、起床時間が早くなる。それを利用するのだ。

## 自宅に〝ヴュー・ポイント〟を見つけよう

体の状態を常に把握しておくためには自撮《じど》りは大切だ。毎朝、上半身裸の自分の姿を撮影する。そして、できれば〝精神安定人〟にメールで送信する。そのリアクションがモチベーションになる。

大切なのは、どこで写真を撮るか、である。

光のあたり方を研究して、筋肉の陰影が一番はっきり表れる場所を自宅の中で見つけよう。

まず、洗面所の鏡の前に立ってみる。上半身裸になる。照明の真下、鏡に映る自分を見ると、筋肉の凹凸がわかりづらい。そこから、少しずつ後退しながら、鏡で体をチェックしていく。すると、筋肉がシャープに見えるポイントがある。そこがヴュー・ポイントだ。

僕のヴュー・ポイントは洗面台のやや後ろ。

ポイントを決めたら、自撮りして、友人に送信してみる。友人といっても、ほとんどの場合、ナカムラだけど。

〈ミヤネ、キレてるねえー！〉

そんなふうに反応があったら、毎日そこで自撮りして、モチベーションを維持していこう。

このヴュー・ポイントでの撮影は、筋トレをしている人はみんなやっている。EXILEの白濱《しらはま》亜嵐《あらん》さんや関口メンディーさんと話したら、彼らもやっているそうだ。

## いつも!? 裸になろう

ときには背中も撮影しよう。僕はマネージャーの丸本にときどき撮ってもらった。

「ちょっと背中、撮って」

と、楽屋で撮影していた。

背中はふつう自分で見ることはできない。つまり、ときどきしかチェックしないので、変化が明確にわかって楽しい。僕の場合、撮影が近づくころには、肩甲骨《けんこうこつ》が浮き出て、広背筋《こうはいきん》のセンターに深い溝ができ、鬼の顔のようになっていた。

「きてる、きてる」

自分の背中を見て、深くうなずいた。嬉しかった。

もちろんナカムラにも送信した。

〈ミヤネ、エッジ、きいてるねえー！〉

ほめてくれた。

ボディメイクが進むと、裸になるシチュエーションを積極的につくるようになる。楽屋ではもちろん上半身裸。原稿も裸で読んでいた。

最初は、スタッフも着替え中だと思ったらしく、

「あっ、すみません！」

楽屋のドアをあわてて閉められたことが何度もあった。別に着替えていたわけではない。ただ、裸になっていただけだ。やがて、ミヤネ屋では、僕の裸は日常風景になった。

もちろん、自宅では気を遣わなくていいので、常にパンツ一丁姿で過ごしていた。

## 日焼けサロンへ行こう

ボディメイクの仕上げは日焼けサロンだ。これは、ぜひ行《い》っていただきたい。

ボディビルダーやプロレスラーなど、筋肉質な人たちには日焼けしている人が多い。あれはおそらく日サロに通っているのだと思う。日焼けすると、筋肉の凹凸《おうとつ》がくっきりと目立ち、よりカッコよくなる。

「よし、オレも、日サロへ行く！」

さっそく探すと、あった！　毎日通っている読売テレビから歩いて行ける、京橋駅近くの雑居ビルの中だった。

「どんな所なんかなあ？」

恐る恐る扉を開けると、目の前に受付のカウンターがあり、いかにも学生バイトという雰囲気の女子がいた。

その店のユニホームらしいピンクのTシャツ姿。さすが日サロのスタッフだけあって、肌は真っ黒に焼けている。

「あのお……、ここ日焼けサロンですよね？」

「そうです。お客さん、焼き、希望ですか？」

「焼き?……はい」

「初めてですか？」

「はい……」

「では、申し込みお願いします」

「はい……」

スタッフの女子は妙にクール。僕が誰なのかは気づいていると思うけれど、そんなことは態度にも表情にもださない。そこが僕にはなんとも嬉《うれ》しい。

それなのに、僕は、初めて風俗に行った十代のときのようにおどおどしてしまった。そんな冷たさにオッチャンは快感を覚えた。完全にM体質である。

「初めてならば、初心者コースにしておきますか？」

「初心者コースというのは？」

「肌の強さがわからないので、二十分だけ焼いて、様子を見るコースです」

「では、初心者コースでお願いします」

「ローション、使いますか？」

「ローション？」

「はい。ローションを塗ると、むらなくきれいに焼けます」

「お願いします」

「では、個室に案内しますから、服を脱いだら、体全体にのばすように塗ってください」

いくつか気になることがあった。

「あのう……」

「なんでしょう？」

「僕、焼きたいのは体だけで、顔は焼きたくないんですけど」

「顔にタオルを載せておけばいいじゃないですか。ほかに何か訊《き》きたいこと、ありますか？」

「やっぱり、シミとかできちゃいますかね？」

「できちゃいますよ」

「えっ、できちゃうんですか!?」

「できます。シミを覚悟して焼くか、やめるか、どっちをとるかです。どうします？」

「いいです。焼きます」

彼女のクールさに完全にハマっていた。これなら通える。いや、通いたい。

個室に入ると、全裸になり、指示されたとおりにローションを全身に塗り、カプセルのような光のベッドに仰向《あおむ》けになって、顔の上にタオルを置いた。

やがてウィーンという音とともに、日焼けマシンが動き出した。

とても温かい。

「これ、冷え性にいいんじゃないの」

そんなことをぼんやりと考えた。

二十分の焼き時間が終了すると、確かに自分の体が赤みがかっている。少したくましくなった気がした。テンションが上がった。

服を着て受付に行くと、先ほどと同じアルバイトスタッフの女子がいた。

「終わりましたか？」

「はい」

それ以外の会話はなく、僕は初日焼けサロンを後にした。

翌日、ヴュー・ポイントで自撮りすると、日サロの効果がはっきりと表れていた。筋肉の状態は変わっていないのに、体は明らかにシャープに見える。

日サロはいい。体の見え方が大きく変わってくる（それに、バイトの彼女に冷たくしてもらえる)。

「また行こう!　いや、行きたい!!」

心に誓った。

一週間後、再び同じ日サロを訪れた。

受付は、同じアルバイト女子だ。もちろん冷たく接してほしい。

「何分いきます?」

今日もクールだ。嬉しい。

「どうしようかな……」

「お客さん、二度目なら、三十分いきます?」

僕を憶えてくれていたのがなにげに嬉しい。

日サロには、結局、撮影までに四回通った。一度焼くと、一～二週間は肌が黒いが、その色は徐々にさめてくる。だから、三回目と四回目は黒さを維持するために通った。

日サロで焼いてからは、ボディメイクのテンションも上がった。自分の体がたくましく見えるからである。ベンチプレスをガンガンやりたくなった。

意外だったのは、日サロの客には僕と同世代の焼きオッチャンが多かったことだ。待合室や通路で見かけた。

「冬なのに、何の目的で焼いてるんですか?」

訊《き》きたかったけれど、我慢《がまん》した。みんなそれぞれ理由があるのだろう。

オッチャンの間で、密《ひそ》かに日サロが流行《はや》っているのかもしれない。

BODY

MIYANE

MAKE

おわりに

# ボディメイクに成功して モテモテ!?

自分流のボディメイクの結果、なんとか腹筋を六つに割ることに成功した。よかった。

そして、ほっとした、

『月刊EXILE』や『ゲーテ』の反響は大きかった。

「ホントにあんな体なの!?」

「胸、触らせて!」

「ちょっとだけでいいから、脱いで見せて!」

女性も男性も集まってくる。

「すごい、腹筋、ホントに割れてる!」

「ブルース・リーみたい!」

ほめられまくりで、実に気分がいい。

特に女性からは、どうすれば体を絞れるか、矢継ぎ早に質問される。僕は優しく、ていねいにアドバイスしてあげる。

それがまた楽しい。

ボディメイクを始めた当初は、何の確信もなくあてのない旅のようだったが、五〇歳を越えて、こんなにも自分の体と向き合ったのは初めてだった。

また、肉体改造はやった分だけ、はっきりと自分の変化、成長を目の前で示してくれる（ちょっと遅れてやってくるけれど）。これもとても新鮮だった。テレビの司会という他に、自分のもう一つの仕事がボディメイクと思いこませたことで、頭がびっくりするくらい切り替わり、一瞬空っぽになる。脳みそに涼風が吹き抜けたようにクリアになる。

苦しいときもあったけれど、これも気持ちよかった。

思い返せば毎日、目標があって充実した日々だった。そして、ボディメイクでなくても、仕事以外で熱中できることを見つければあっという間に新しい仲間もネットワークもできた。そして、自分の体が変わると内面も少し変わったような気がした。少しだけ人生得した気がした。

さぁ、皆さんもボディメイクで、もう一人の自分発見の旅にでかけませんか。

BODY MIYANE MAKE

# 体を鍛えると人生が豊かになる

## スペシャル対談 EXILE HIRO

この対談は、『ゲーテ』2014年9月号に掲載した記事に加筆したものです。

## 腹筋運動は一万回(!?)を目指せ

**宮根**：僕、腹筋を六つに割るために頑張っているわけですけれど、今日はＨＩＲＯさんに気合を入れてもらおうと思って、ＥＸＩＬＥのオフィス、ＬＤＨにやってきました。先日、ＨＩＲＯさんにいただいたＬＤＨのＴシャツありますよね。僕、あれを着させていただいて、腕立て伏せとか、腹筋運動とか、やっています。

**ＨＩＲＯ**：そうですか(笑)。お役に立ててうれしいです。

**宮根**：人間というのは、やっぱり、見た目というか、カタチから入るのは大切ですね。ＬＤＨのＴシャツを着ると、「このＴシャツに恥ずかしくないように頑張ろう！」と思うんですよ。

**ＨＩＲＯ**：ウェアや道具は軽視できませんね。モチベーションになります。

**宮根**：僕、『ゲーテ』のＨＩＲＯさんが表紙になった号を見て触発されたんです。

**ＨＩＲＯ**：それは光栄です(笑)。

**宮根**：ＨＩＲＯさんは二回も表紙になっていますが、腹筋、六つにきっちり割れてるじゃないですか。カッコイイなあー！と。それで「オレも、腹筋割る！」と「ミヤネ屋」で宣言して、ボディメイクを始めました。あっ、この「ボディメイク」というのは僕の造語です。ダイエットというと、何となく「我慢」「忍耐」というイメージがある気がしまして。もっとポジティヴな言い方はないかと。それで、ボディメイクにしたんです。そして、ＨＩＲＯさんの著書の『ビビリ』も読みました。とても参考になったというか、勉強になりました。

**ＨＩＲＯ**：ありがとうございます。

**宮根**：そして、びっくりしました。

**ＨＩＲＯ**：びっくり、ですか？

**宮根**：はい。本の中に「腹筋を6つに割る方法。」という章があるじゃないですか？

**ＨＩＲＯ**：はい。

宮根：さっそく、あそこから読んだんです。すると、こんなふうに書いてありました。

「腹筋を割るにはどうしたらいいですかって、ときどき聞かれるけれど、それは簡単だと思う。

1日1万回腹筋運動をすればいい。

1万回が無理なら1000回。

1000回が無理なら100回。

ただし、それを毎日続けること。

半年続ければ、絶対に割れる（もちろん好きなだけ食べて飲んでいては無理だけれど）。

そんなの当たり前といえば、当たり前だ。要は、やるかやらないか。」

書いてますよね？

HIRO：確かに書きましたね。

宮根：あそこを読んで、僕、気合入りましたわぁー。そうか、とりあえずは腹筋運動一万回なんだとね。

HIRO：いやいや、実際に一万回はなかなかできませんけれどね（笑）。

宮根：でも、腹筋運動やったらやっぱり、割れるもんですか？

HIRO：割れます。僕も一万回まではいきませんけれど、でも、やっぱり回数は、かなりやっています。トレーニングしないことには腹筋は割れませんから。あの本では、わかりやすく一万回と書いたわけです。

宮根：ボディメイクをスタートする前、僕は東京マラソンに出場して、四時間十五分で完走しましてね。大会前には、自分でも頑張ったと思えるほどストイックにトレーニングしたんです。

HIRO：走るのはスポーツの基本なので、マラソンに耐えられる人ならば、筋トレなんて簡単じゃないですか。

宮根：いや、それがなかなか。筋トレをやっていると、どうしても甘えてしまう自分を感じてしまうんです。「もうこれ以上は無理」と思ってしまう。マラソンは根性で克服できる気がしますが、腹筋を六つに割るのは、努力だけではどうにもならない領域を感じるんです。

HIRO：宮根さん、気合を入れ過ぎてはいませんか？　つらいエクササイズは最初は避けていいと思いますよ。自分にとってやりやすい、楽しいと感じるトレーニングからスタートしたら続くのでは。

**宮根**：でもね、どうしても近道したくなってしまう。

**HIRO**：仕事でも、エクササイズでも、一歩一歩ですよ。

## 体を動かし脳もリフレッシュ

**宮根**：『ビビリ』に書かれていた、自分の時間は自分で管理する話も勉強になりました。

**HIRO**：スケジュール管理ですね。

**宮根**：僕はHIROさんに対して、めちゃめちゃ忙しいイメージを持っています。EXILEの活動があって、プロデューサー業があって、経営者としての仕事があって。で、二〇一三年でパフォーマーとしては引退されたわけですが、腹筋が割れているということは、その後もトレーニングはやっているわけですよね。

**HIRO**：ずっと続けています。パフォーマー時代ほどハードではありませんが。

**宮根**：プロデューサー業と社長業で相当忙しいと思うんですけれど、トレーニングの時間はどうやって捻出していますか。

**HIRO**：仕事の合間を見つけてやっています。午前中が忙しければ、夕方に無理矢理時間をつくったり、昼休みにやったり。

**宮根**：そこまでトレーニングは重要なんですね。

**HIRO**：トレーニングしないと、体がなまってしまうんですよ。頭の回転もにぶる気がしましてね。だから、生活サイクルの中でも、トレーニングは最重要項目の一つです。ただし、僕の場合、事務所内にジムがあるので、移動時間をとられないし、常にトレーナーがいるので、効率よく体を絞ることができています。

**宮根**：体を動かして、脳もリフレッシュさせるんですね。

**HIRO**：リフレッシュも大切ですが、トレーニング中にアイディアが生まれたり、イメージが膨らんだりが多いですね。体を動かしていると、デスクに向かっているときとは違う発想になれます。

**宮根**：EXILEのメンバーはみんな、HIROさんのように毎日スケジュール管理しながらエクササイズをしているのでしょうか。

**HIRO**：個人個人のペースです。みんな忙しいので。でも、おそらく、時間を見つけて、少しの時間でも、やっているはずです。

**宮根**：この前ATSUSHIさんと話したときに、ライヴ中はあえて筋トレをしないと言っていました。喉《のど》にも筋肉がついて、声が変わってしまうとか。

**HIRO**：ATSUSHIはそういう体質かもしれませんね。シンガーはシンガーのやり方があるようです。ただ、パフォーマーは全員トレーニングしています。

**宮根**：さっき、LDHのジムに関口メンディーさんと白濱《しらはま》亜嵐《あらん》さんがいて、今日すでに十時間トレーニングしていると言っていました。

**HIRO**：彼らは時間が許す限り体を動かしています。

## 一分間の心拍数二〇〇回で筋トレ

**宮根**：HIROさんのトレーニングはどのようなものですか?

**HIRO**：はい。僕の場合は無酸素運動で心拍数を思い切り上げて、心臓をバクバクさせたまま筋トレをやります。これはすごく効果が大きいんですよ。

**宮根**：具体的に何をやっていますか。

**HIRO**：まず、エアロバイクを全力で一分間こぎます。それを五本。ランは三十分くらいでしょうか。心拍数を一分間に一六〇回から一七〇回くらいまで上げて、その状態で懸垂《けんすい》をやります。走っている途中に懸垂を挟んだり。心拍数を上げて、落として、上げて、落として……。それを繰り返します。

**宮根**：きっつそうですねえー。

**HIRO**：きついです。かなりきついです。以前は、心拍数を一分間に二〇〇まで上げていました。

**宮根**：二〇〇って……。それ、プロボクサー級ですよ。それもトップランカーの。

**HIRO**：そうらしいですね。ハードですけれど、かなりハイペースで体ができていきます。

**宮根**：ダアーッと走って、そのまま懸垂して、またダアーッと走って。

**HIRO**：もちろん、ストレッチやマッサージもちゃんとやりますよ。

**宮根**：クールダウンですね。

**HIRO**：はい。ストレッチの前にはゆっくり走って、自分のフォームや数値などをモニターでチェックします。リフレッシュしながら。追い込み過ぎちゃうとやりたくなくなってしまうので、継続できるために工夫しています。

**宮根**：僕、チンニング＆ディップス・スタンドという、頑丈なぶら下がり健康器みたいな器具を買ったんですけれど、懸垂が苦手で苦手で。背筋が弱いんですよ。だから、さっきHIROさんのものすごい懸垂を見せていただいて、すごいなー！　と。

**HIRO**：懸垂は、最初はきついんですよ。でも、体重を落とすと、負荷が小さくなるので、どんどんいけるようになりますよ。

**宮根**：懸垂で体を絞るためのコツはありますか。

**HIRO**：最初は脚を落としたままオーソドックスに。力がついてきて楽になってきたら、腹筋を使って、脚を九〇度に曲げて、体を「く」の字にしてやると効果的です。

**宮根**：きつそうだなあー。

**HIRO**：心拍数を上げてやると、かなりきついです。

**宮根**：僕のボディメイクは、言ってみれば〝見せ筋〟をつくっているわけです。でも、HIROさんたちは、パフォーマンスをしなくちゃいけない。

**HIRO**：そうですね。ライヴでは三時間ぶっ通しで踊らなくてはいけないので。

**宮根**：EXILEにしても、三代目J Soul Brothersにしても、ライヴのオープニングからドン！　ときますよね。びっくりします。客席側にいる身としては、最初は静かに始まって徐々に盛り上がっていくイメージでいるじゃないですか。ところが、最初から盛り上がって、パフォーマンスに巻き込まれてしまう。

**HIRO**：僕たちのライヴのつくり方は、オープニングを引っ張って引っ張って、ド派手に登場して、会場を一気に巻き込んでいく演出が多いです。そこから、一度じっくり歌を聴かせて、また盛り上がって、怒濤《どとう》の後半という構成です。最初から見ている人達に鳥肌感を味わってもらうというのを意識しています。

## 炭水化物はパンよりも米から

**宮根**：HIROさんは、食事はどうされてますか？

**HIRO**：ライヴの前は、タンパク質中心の食生活にします。やっぱり炭水化物は減らすように心がけます。お米を少し食べるくらい。おにぎりを食べることが多いですね。パンは避けます。糖だけでなく、油が多いので。サンドウィッチはまず食べません。

**宮根**：言い訳に聞こえるかもしれませんが、僕、仕事の会食とか多いんですよ。HIROさんは、そういうの、どうしていますか？ 断りづらいですよね。それに「たまにはおいしいもの、食べたいなあ」とも、思いますよね。

**HIRO**：わかります。僕は会食や飲み会は楽しいので、我慢せずに参加しています。その代わりに、翌日は食事を減らしたり、トレーニングを増やしたりしています。でも、二週間くらい自分を追い込んで、体を一度つくってしまったら、キープを意識すれば大丈夫ですよ。宮根さんの場合、撮影に向けて頑張っていらっしゃる。そこまで一度体を追い込んだら、その後はそれほど自分に厳しくしなくても、体は維持できるはずです。

**宮根**：食事を減らしている時期、糖分が足りなくて空腹で頭がぼーっとしてしまうことはありませんか？

**HIRO**：僕はタンパク質を摂っていれば大丈夫で

す。あと、ゼリー状のドリンクを飲みます。あれは糖分が適度に入っていて、飲むと、頭が回転し始めます。ＬＤＨのジムには常備しています。

**宮根**：僕はね、食事を極端に減らすと、寂しくなっちゃう。生活の中に楽しみがなくなるので。

**ＨＩＲＯ**：先ほどもお話したように、一度体が慣れてしまえば、その後は、そんなに無理しなくても維持できますよ。だから、一度、期間限定で二週間くらい食事を制限して、あとは無理のないレベルで継続していってはいかがでしょう。

**宮根**：目の前で人がおいしそうに食べていたらどうでしょう。

**ＨＩＲＯ**：それはですね、正直なところ、「うらやましいなあー」とは思いますが、我慢はできます。

**宮根**：ライヴ前はお酒は抜きますか？

**ＨＩＲＯ**：ライヴ前は抜きます。二、三週間は飲みません。アルコールは疲労回復の妨げになるからです。

**宮根**：ストイックですねえー！ でも、ＥＸＩＬＥの飲み会は凄《すご》いじゃないですか。僕、何回か呼んでいただきましたが、昭和の時代の体育会ノリで。

**ＨＩＲＯ**：我慢するべきときは我慢するけれど、飲むときは飲みますからね。飲んだ翌日は、いつもよりも多めにトレーニングするだけでなく、さまざまな体のケアを心がけて、体調を戻す努力もします。

## 言葉にすれば実現する

**宮根**：この対談はＬＤＨの中のＥＸＩＬＥルームにおじゃましているわけですが、ＥＸＩＬＥのメンバーは、この部屋で一人一人、みんなの前で夢を語るとうかがっています。

**ＨＩＲＯ**：そうです。ここで、夢や自分の人生のヴィジョンを発表する会議をやっています。ＥＸＩＬＥのメンバーとスタッフが集まって、「○○を必ず実現させます！」と宣言するんです。それを何度も繰り返すと、自分の脳に深く刻まれていくし、周囲にも強く印象づけられます。

宮根：みんなの前で口に出して宣言することで、自分のやる気がより確かなものになり、さらに周囲のサポートも得られるということですね。

HIRO：はい。人間は言葉にしたほうがいいと思うんです。

宮根：僕も今回「腹筋を六つに割る！」とテレビの生放送で言ったわけですが、すると、もう後戻りできなくなって。自分に対しても、鏡の前に立って「やるぞ！」と、脳にね、言っています。

HIRO：それは絶対に必要ですね。周囲に宣言する。鏡の前に立つ。それから体重計に乗る。

宮根：「割るぞ！」「割るぞ！」と自分の腹筋に言い聞かせています。

HIRO：ダンスも同じで、レッスンでは鏡の前でポーズを決めて、体に言い聞かせています。

宮根：EXILEのメンバー同士で、ライバル意識というか、いい意味で、競い合うようなこともありますか？　誰かが凄い体をつくって、あるいはコンディションが抜群で「よし、オレも負けちゃいられない！」みたいな。

HIRO：どうでしょう。露骨に競い合っている様子はありませんが、やっぱり意識し合ってはいるでしょう。ライヴでは上半身裸になってダンスをするので、メンバー同士、どうしてもおたがいの肉体が目に焼きつきますから。

宮根：皆さん、同じ設備で鍛えているのに、違う体をしていますね。

HIRO：パフォーマンスのために鍛えているので、それぞれが動きやすい体になっていきます。だから、体質によっていろいろな筋肉のつき方になるんだと思います。

宮根：さっきお会いしたメンディーさんは、大きいですよね。総合格闘家のようです。

HIRO：メンディーの体は分厚いです。身体能力がすごく高い。

宮根：近くで見ると、びっくりしますよ。

## 三か月で絶対に腹筋を割る

**HIRO**：宮根さん、腹筋を六つに割って『ゲーテ』に載るのが目標とうかがいましたが、撮影まではあとどのくらい時間があるのですか？

**宮根**：二か月か、三か月か……。編集長が撮影を確約してくれないというか、なんだかざっくりとした約束なんですよー。「表紙にするかも」とか「書籍にするかも」とか、いつも「かも」が付いているんです（笑）。

**HIRO**：そうなんですね。

**宮根**：そうなんです。

**HIRO**：それならば、LDHの『月刊EXILE』に出ていただけませんか？

**宮根**：えっ!?

**HIRO**：表紙で。

**宮根**：ホントですか？

**HIRO**：はい。

**宮根**：迷惑になりませんか？　僕が表紙になったら『月刊EXILE』じゃなくなってしまうのでは。

**HIRO**：僕も、うちのメンバーも大歓迎です。読者も喜んでくれると思いますよ。

**宮根**：お言葉に甘えていいのかなあ……。

**HIRO**：もちろんです

**宮根**：いつでしょうか？

**HIRO**：撮影の目安として、三か月後でいかがでしょう？

**宮根**：三か月で、はたして僕の腹筋は本当に割れるかな……。

**HIRO**：大丈夫！　僕は絶対に割れると思いますよ。

この対談は二〇一四年七月に行われました

BODY

MIYANE

MAKE

いつでもどこでも
お金をかけずにできる

# ミヤネ式メソッド 20

監修／吉田輝幸（パーソナルトレーナー）

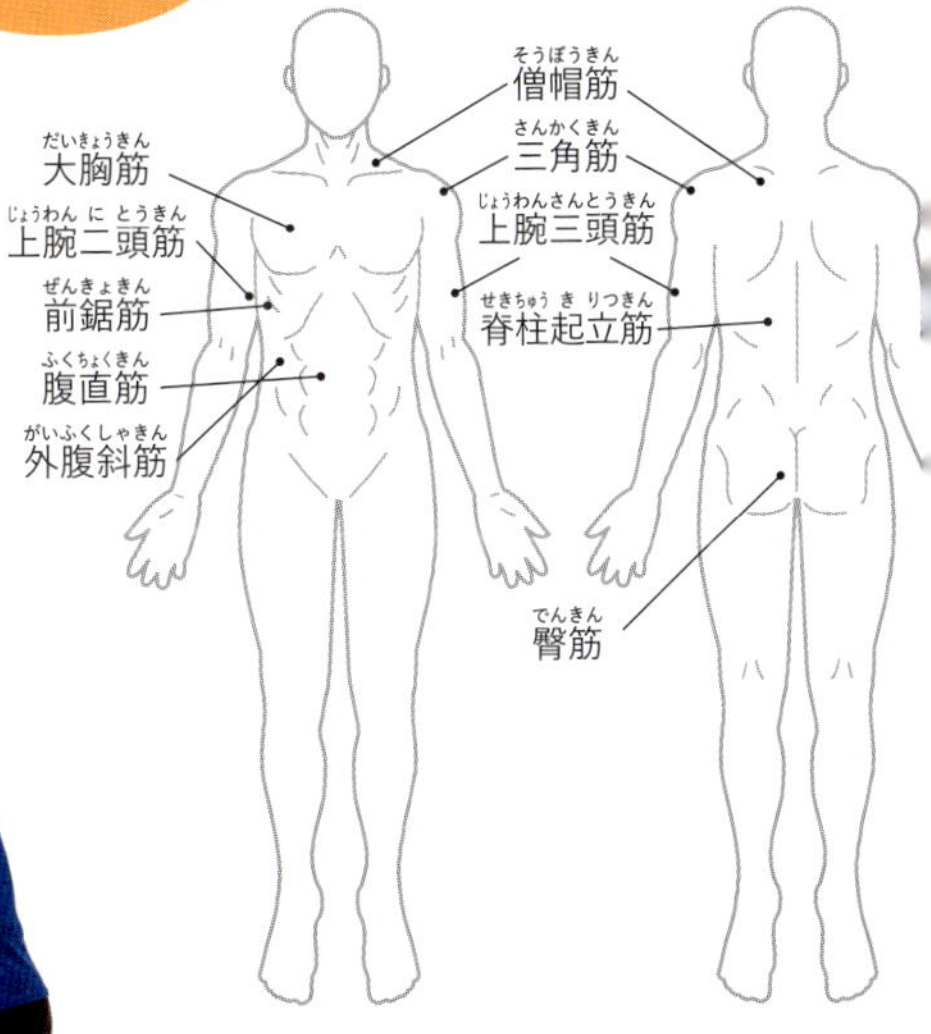

BEFORE

ボディメイクをはじめて6か月強。
宮根誠司はどうやってこの肉体を
つくったのか、腹筋を6つに割ったのか――。
いつでもどこでも、お金をかけずにできる
「ミヤネ式メソッド」公開。

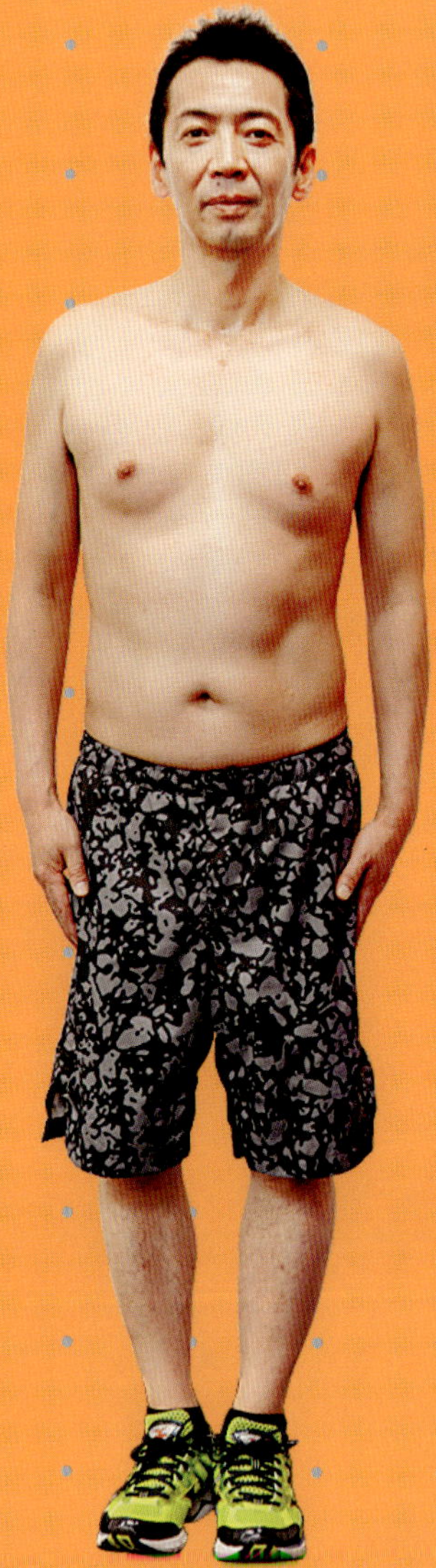

BACK　FRONT　SIDE

BODY MIYANE MAKE

# AFTER

6か月後

腹囲
85cm
↓
75cm

体重
66kg
↓
59kg

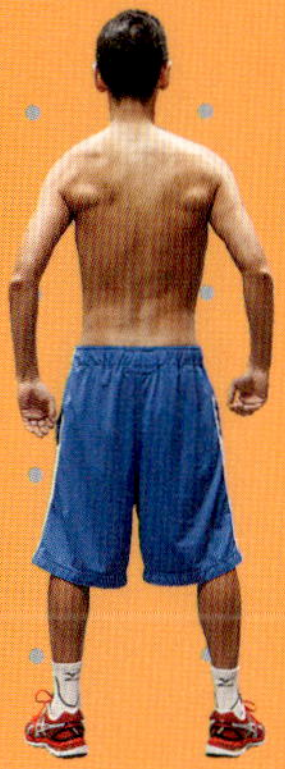

BACK　FRONT　SIDE

MIYANE METHOD

# 1 ストレッチ代わりの肩まわし

鍛える筋肉 ▶僧帽筋
▶三角筋

❶ 左右各2kgのダンベルを握り、
肩幅よりやや広めに脚を開いて立つ。
❷ 左右交互に前後に大きく各20回×2セットをめどに
ダンベルをグルグルまわす。
❸ ダンベルが後方をまわる時は、
肩甲骨を内側に引き寄せるイメージで。
❹ 楽になってきたら、3セットに増やす。あるいは
2セット目を4kgのダンベルにするなど工夫する。

**POINT1**

無理して負荷をかけず、
軽いダンベルで、できる
だけ回数を増やす。

**POINT2**

肩甲骨まわりの筋肉を使
い大きくまわす。

MIYANE METHOD
2
## 肩幅を広くする渡り鳥

鍛える筋肉 ▶三角筋

❶ 肩幅よりやや広めに脚を開いて立つ。
❷ 左右2kgのダンベルを握り、両腕を横に水平に伸ばす。
❸ そのまま10秒間姿勢を維持する。
❹ その時「僕は（私は）400kmの海を飛ぶ渡り鳥」と思う。

**POINT1**

10秒を過ぎても、「もうこれ以上無理!」というところまで続ける。

**POINT2**

海を飛ぶ渡り鳥をイメージする（P.52）。

MIYANE METHOD

3

# 腕と胸を鍛えるダンベル基本運動

鍛える筋肉 ▶大胸筋
▶上腕二頭筋

❶ 肩幅よりやや広めに脚を開いて立つ。
❷ 左右2kgのダンベルを握り、交互に各20回、肘の角度が90度になるまでダンベルを持ち上げる。女性は1kgから行う。
❸ 慣れてきたら、負荷はそのままで回数を増やしたり、スピードを速くしたり、工夫をする。

POINT

20回を超えても「もうこれ以上無理！」という回数まで続ける。

RESULT

女性はバストアップにもなる。

MIYANE METHOD

# 4 胸の上部にハリをつくるダンベルブランコ

鍛える筋肉 ▶ **三角筋**

❶ 肩幅よりやや広めに脚を開いて立つ。
❷ 左右各2kgのダンベルを体の横に下ろし、背中や腰を痛めないようにやや前傾姿勢をとる。
❸ ダンベルを胸の前に水平になるように、左右同時に上げる。
❹ 上下に20回動かす。

POINT

20回を超えてもやめずに、できるだけ多くの回数を続ける。

MIYANE METHOD

# 5
# 鎧のような上半身になるダンベル運動

鍛える筋肉 ▶僧帽筋
▶三角筋

❶ 肩幅よりやや広めに脚を開いて立つ。
❷ 左右2kgのダンベルを握り、肩のところまでかつぐように持ち上げる。
❸ 天井に向けて交互に高く上げて、下げる。
❹ 20回繰り返す。

**POINT**

20回を超えてもやめない。手が上がらなくなるまで続ける。

MIYANE METHOD

# 6 胸の中心に溝をつくるダンベル運動

鍛える筋肉 ▶大胸筋

❶ 肩幅よりやや広めに脚を開いて立つ。
❷ 左右2kgのダンベルを握り、体の横に下ろす。
❸ ダンベルを持ったまま、両手を体の前でクロスさせる。
❹ 20回繰り返す。

**POINT1**

前に動かす時は大胸筋の中心に溝ができるイメージ。後ろに動かす時は肩甲骨を中心に寄せるイメージ。

**POINT2**

20回を超えても「もうこれ以上無理！」という回数まで続ける。

MIYANE METHOD

## 7
## 腕をむきむきにするダンベル運動

鍛える筋肉 ▶ **上腕三頭筋**

❶ 肩幅よりやや広めに脚を開いて立つ。
❷ 片手で2kgのダンベルを肩にかつぐようにして背中側に下ろす。
❸ 肘が伸びるくらいまで上に20回上げる。
❹ 反対の手で同じことを繰り返す。

POINT1
20回を超えてもやめずに、「もう無理！」という回数まで続ける。
POINT2
肩甲骨を内側に引き寄せるイメージ。

MIYANE METHOD

## 8
## ハリのある胸をつくる歌本つぶし

鍛える筋肉 ▶**大胸筋**

❶カラオケ用の歌本、電話帳、百科事典など、厚く、重い本を用意する。
❷肩幅よりやや広めに脚を開いて立つ。
❸肩の高さで本を両手で力いっぱいつぶすようにはさむ。
❹「もうこれ以上無理!」という限界まで耐える。

SIDE

FRONT

**POINT**

大胸筋の中心に縦に溝ができるイメージ(P.50)。

MIYANE METHOD

# 9 多くの筋肉に効果のある腕立て伏せ

鍛える筋肉 ▶大胸筋
▶上腕三頭筋

❶ うつぶせになり、両手を床にあて、体を支える。
❷ そのまま体を上下させる。
❸ 20回繰り返す。
❹ 20回までいったら、体が床につかないすれすれまで下げ、限界まで耐える。

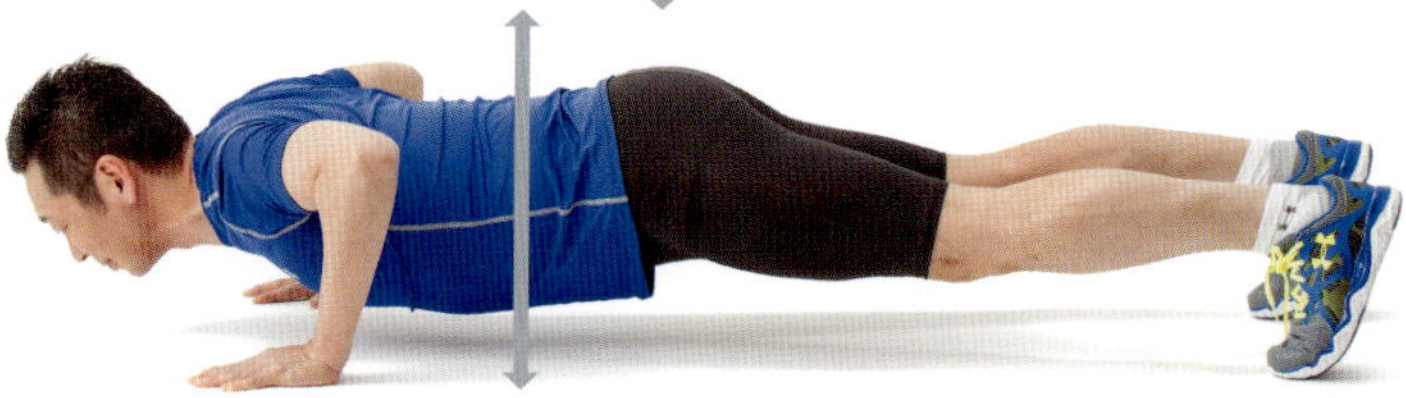

POINT1

20回を超えたら限界まで小刻みに腕立て伏せを続けてみる。

POINT2

限界になったら、思い切り倒れ込む。これぞプロのボディメイカー。

MIYANE METHOD

## 10 筋力に自信がない人の腕立て伏せ

FOR オバチャン、ビギナー

鍛える筋肉 ▶大胸筋 ▶上腕三頭筋

❶ うつぶせになり、両手を床にあて、両ひざも床につき、体を支える。
❷ そのまま体を上下させる。
❸ 20回くり返す。
❹ 20回までいったら、体が床につかないすれすれまで下げ、限界まで耐える。あるいは、力が尽きるまで小刻みに腕立て伏せを続ける。

**POINT1**

肩甲骨周辺の筋肉を意識する。

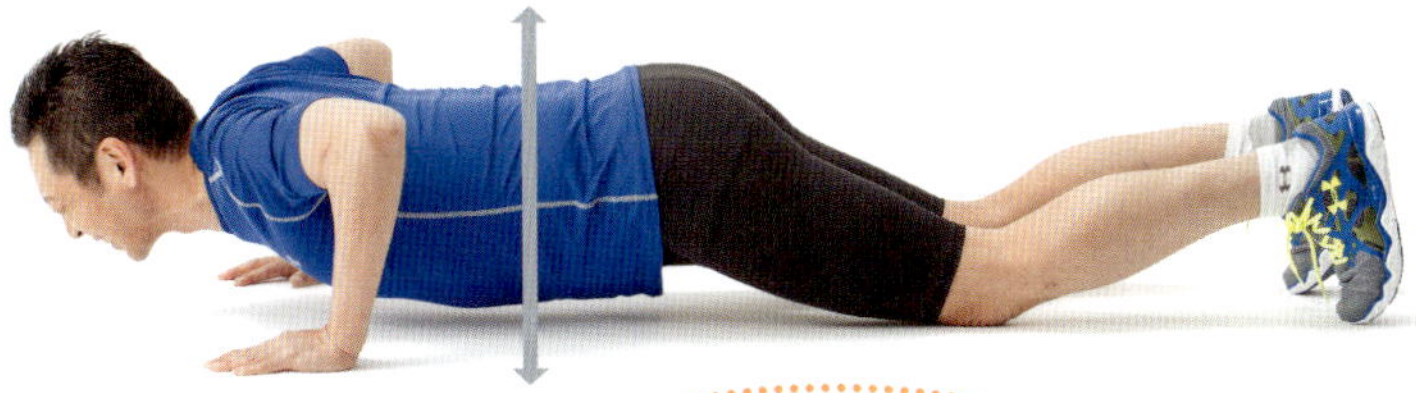

**VARIATION**

肘つき腕立て伏せの姿勢で限界まで静止する。

MIYANE METHOD

## 11
## 下おっぱいの垂れ対策の腕立て伏せ

鍛える筋肉 ▶大胸筋
▶上腕三頭筋
▶前鋸筋

❶ 安定した椅子を2脚用意する。
❷ それぞれの椅子の座面に両手をあて、うつぶせになる。
❸ そのまま体を20回上下させる。
❹ 20回までいったら、体を一番低い位置まで下ろした状態のまま、力が尽きるまで耐える。あるいは、力が尽きるまで小刻みに腕立て伏せを続ける。

**POINT1**

体を下ろす時は、必ず椅子の座面よりも低い位置までいく(P.47)。

**POINT2**

体を一番下まで下ろした時に、下おっぱい(胸の下部)にワイヤーが入っているイメージを持つ。

MIYANE METHOD

# 12 腹筋を上から下まで鍛える運動

鍛える筋肉 ▶**腹直筋**

❶ 床に仰向けに寝る。
❷ 膝を上げ、90度に曲げる。
❸ 両手を腹部にあてて、上体を持ち上げる。
❹ 20回繰り返す。

**POINT1**
指先で効いているところをつついて意識させる。

**POINT2**
20回を超えても「もうこれ以上無理！」という回数まで続ける。

**POINT3**
限界になったら、思いっきり倒れ込む。これぞプロのボディメイカー。

MIYANE METHOD

# 13

# 脇腹のたるみを解消させる運動

鍛える筋肉 ▶**外腹斜筋**

❶ 片手を床につけて、体を支える。
❷ 床についた側の腕を肘まで床につける。
❸ 脚を伸ばし、限界まで耐える。
❹ 反対側も同様に行う。

**POINT**

耐える時間をできるだけ延ばす。

**FOR オバチャン、ビギナー**

**VARIATION**

膝をつけてもOK、限界まで耐える。

MIYANE METHOD
14
## 硬い腹筋をつくる自転車こぎ

鍛える筋肉 ▶**腹直筋**

❶床に仰向けに寝る。
❷両手を軽く腹部に置く。
❸自転車のペダルをこぐように、脚を交互にまわす。
❹20回繰り返す。

**POINT1**
指先で効いているところをつついて意識させる。

**POINT2**
20回を過ぎても限界で続ける。

**POINT3**
なるべくゆっくりと大きくまわす。

MIYANE METHOD

15

## 腹筋を強くするボール運動

鍛える筋肉 ▶**腹直筋**

❶ 仰向けに寝る。
❷ バランスボールを両脚ではさみ、
膝を90度に曲げる。
❸ 膝を伸ばし、バランスボールを前後に動かす。
❹ 20回繰り返す。

**POINT2**

下腹部を意識するとインナーマッスルを鍛えられる。

**POINT1**

指先で効いているところをつついて意識させる

**POINT3**

バランスボールははさみやすいサイズを選ぶ。
クッションや枕でもいい。

MIYANE METHOD

# 16 脇腹のたるみを解消させるボール運動

鍛える筋肉 ▶外腹斜筋

❶ 床に肘をつき、横向きに寝る。
❷ バランスボールを両脚ではさむ。
❸ 膝の曲げ伸ばしを20回行う。
❹ 反対側でも行う。

**POINT2**

指先で効いているところをつついて意識させる。

**POINT1**

バランスボールははさみやすいサイズを選ぶ。クッションや枕でもいい。

**POINT3**

20回を過ぎても限界まで続ける。

❶ 床に仰向けに寝て、両手を左右に伸ばす。
❷ 両脚でバランスボールをはさむ。
❸ 脚を右に振る。
❹ 脚を真上に戻し、膝を曲げる。
❺ 脚を左に振る。
❻ 20回繰り返す。

MIYANE METHOD

# 17 下腹部を鍛えるボール運動

鍛える筋肉 ▶腹直筋
▶外腹斜筋

**POINT2**

腹部を意識するとイン
ーマッスルを鍛えられる。

**POINT1**

バランスボールをはさみやすいサイズを選ぶ。クッションや枕でもいい。

**POINT3**

20回を過ぎても限界まで続ける。

MIYANE METHOD 18

## 腹筋とヒップアップ効果でふたつおいしいボール運動

鍛える筋肉 ▶腹直筋 ▶臀筋

❶腰の下にバランスボールを置く。
❷全体重をバランスボールに預け、膝を90度に曲げる。
❸そのままの姿勢で上体を上げる。
❹20回繰り返す。

POINT1
バランスボールの位置を変えることで、鍛える腹筋の部位を調節できる。

POINT2
20回を過ぎたら小刻みに腹筋運動を繰り返すか、そのまま限界まで静止する。

POINT3
お尻をグッとしめる。

MIYANE METHOD

## 19 体深くの筋肉を鍛えるボール泳ぎ

❶ バランスボールの上にうつぶせになる。
❷ 両手、両脚を1度床につける。
❸ 右手と左脚を同時に上げる。
❹ 左手と右脚を同時に上げる。
❺ 20回繰り返す。

鍛える筋肉 ▶脊柱起立筋
▶臀筋

**POINT**

背中を意識しながら、ゆっくりと大きく上げ下げする。

MIYANE METHOD 20

## いつでもどこでも高速腹式呼吸

❶ 立ったまま、腹部を思い切りへこませ、戻す。
❷ ①は呼吸に合わせて行う。吸うと同時に腹をへこませ、吐くと同時に戻す。
❸ 1セット100回を目標に、あいている時間に行う。
※横断歩道の信号待ちでも、電車内でも、エレベーター内でも、番組収録中(!?)でも、いつでもどこでも行う。

鍛える筋肉 ▶腹直筋

フッハッ、フッハッ、フッハッ、
フッハッ、フッハッ、フッハッ、
フッハッ、フッハッ、フッハッ、
フッハッ、フッハッ、フッハッ、
フッハッ、フッハッ、フッハッ、
フッハッ、フッハッ、フッハッ、
フッハッ、フッハッ、フッハッ、

**POINT1**
慣れるまでは「フッハッ、フッハッ、フッハッ、フッハッ」と声を出して行う。

**POINT2**
腹筋を意識するために、下腹部に指をあてる(P.54)。

**宮根誠司**（みやねせいじ）
フリーアナウンサー。1963年島根県生まれ。関西大学卒業後、1987年、大阪・朝日放送入社。アナウンサーとして活躍後、2004年、フリーに転身。現在、「情報ライブ ミヤネ屋」（毎週月～金曜 PM1:55～3:50 ）、「Mr.サンデー」（毎週日曜 PM10:00～11:15）でメインキャスターを務める。

**50歳からでも遅くない！**

**ミヤネ式らくらく
ボディメイク法**

2015年6月25日　第1刷発行

著　者　　宮根誠司
発行人　　見城 徹

発行所　　株式会社 幻冬舎
〒151-0051 東京都渋谷区千駄ヶ谷4-9-7
電話　03(5411)6211(編集)
03(5411)6222(営業)
振替00120-8-767643
印刷・製本所　図書印刷株式会社

検印廃止


ISBN978-4-344-02782-4　C0095
幻冬舎ホームページアドレス　http://www.gentosha.co.jp/

この本に関するご意見・ご感想をメールでお寄せいただく場合は、
comment@gentosha.co.jpまで。